COURS

DE THÈMES.

PREMIÈRE PARTIE.

PARIS. — IMPRIMERIE DE FAIN ET THUNOT,
Rue Racine, 28, près de l'Odéon.

COURS
DE THÈMES

A L'USAGE

DES CLASSES ÉLÉMENTAIRES

ET DES CLASSES DE GRAMMAIRE,

DIVISÉ EN TROIS PARTIES.

Iʳᵉ PARTIE. Exercices sur les Déclinaisons, sur les Conjugaisons régulières et irrégulières, sur les Prépositions et sur les premières règles de la Syntaxe.
IIᵉ PARTIE. Exercices élémentaires et raisonnés sur la Syntaxe.
IIIᵉ PARTIE. Exercices sur la Méthode. Gallicismes et Idiotismes.

Par C. VILLEMEUREUX,

PROFESSEUR AU COLLÉGE DE HENRI IV.

1ʳᵉ PARTIE.

TROISIÈME ÉDITION.

Prix : 2 fr.

PARIS,

LIBRAIRIE CLASSIQUE DE Vᵉ MAIRE-NYON,

QUAI CONTI, 13.

1847.

Tout exemplaire non revêtu de la griffe de l'éditeur
propriétaire sera réputé contrefait.

AVERTISSEMENT.

Le Cours de Thèmes que nous publions aujourd'hui est divisé *en trois parties*. La *Première* Partie contient des exercices élémentaires : 1° sur les *Déclinaisons* et sur les *Conjugaisons* régulières et irrégulières ; 2° sur les *Prépositions* et les *Adverbes* ; 3° sur les premières règles de la *Syntaxe*, depuis l'accord des Noms, jusqu'au régime indirect des Verbes.

La *Seconde* Partie traite de la *Syntaxe*.

La *Troisième* renferme les exercices sur les règles de la *Méthode*.

Dans la Première Partie de ce Cours, nous avons donné le *tableau des terminaisons* dans les déclinaisons et dans les conjugaisons, et pour faciliter encore plus le travail des commençants, nous avons *traduit* tous les *noms* et tous les *verbes* sur lesquels l'élève doit s'exercer. Nous avons aussi transcrit en entier le tableau des prépositions, que nous avons fait suivre d'exercices sur leur régime. Enfin dans la *Syntaxe élémentaire* nous donnons, avec l'explication des règles, la traduction de tous les mots employés dans les phrases qui renferment l'application de ces règles, en sorte que l'élève n'aura besoin de consulter ni son dictionnaire, ni sa grammaire.

Dans la seconde et dans la troisième Partie, nous avons suivi le même plan, mais en nous bornant toutefois à traduire les mots qui auraient pu embarrasser les élèves, et à leur indiquer les tournures qu'ils doivent prendre et les changements qu'ils doivent faire dans la construction des phrases, pour éviter, autant que possible, ces locutions barbares auxquelles ils s'habituent, et qu'ils doivent, dans la suite, désapprendre avec tant de peine.

Presque tous les exercices sont divisés en exercices *élémentaires* et en exercices *généraux*. Dans les premiers, l'élève apprend à faire l'application simple de la règle; dans les seconds, il trouve des phrases qui se rattachent également à la règle, quoiqu'elles paraissent d'abord s'en éloigner par le sens et par la construction des mots.

Nous avons voulu exercer les enfants sur les principes de la grammaire, et en même temps, les familiariser, autant que possible, avec la construction latine. Pour obtenir ce résultat, il nous a été nécessaire de nous servir d'*exemples détachés*, qui, pour la plupart, sont tirés des auteurs. Peut-être pensera-t-on avec nous que c'était là le seul moyen d'atteindre ce double but, car il serait difficile de composer, sur un sujet donné, des thèmes qui s'appliquassent parfaitement aux règles, sans employer des tours de phrases au moins étranges, pour ne pas dire plus.

Nous n'aurions point entrepris cette tâche ingrate et pénible, si nous n'avions été soutenu par l'espoir de hâter les progrès des élèves, en joignant les exemples aux préceptes. Si de plus habiles que nous se fussent chargés d'exécuter le plan que nous avons conçu, peut-être auraient-ils réussi à prouver, ce que nous aurions voulu prouver nous-même, qu'il n'est pas toujours vrai de dire : *Aliud est latinè, aliud grammaticè loqui.*

Espérons que cet ouvrage sera accueilli avec quelque bienveillance, et qu'à force de soins et de recherches, nous parviendrons à terminer ce qu'aujourd'hui nous regardons seulement comme une ébauche, qui a besoin, pour devenir moins imparfaite, des conseils de l'amitié et des leçons de l'expérience.

N. B. Nous avons fait à la seconde édition des additions importantes, et corrigé avec soin les fautes qui nous étaient échappées dans la première, aussi nous espérons que ce petit livre, beaucoup moins imparfait qu'il ne l'était, sera de quelque utilité à *tous ceux* qui en feront usage. Nous nous sommes livré à des recherches consciencieuses sur les déclinaisons et sur les conjugaisons, tant régulières qu'irrégulières, et nous osons croire que toutes les observations que nous avons recueillies peuvent être citées comme faisant autorité.

EXERCICES

sur

LES DÉCLINAISONS.

PREMIÈRE DÉCLINAISON.

(§ 7, Gramm.)

§ 1.

Cette déclinaison renferme des noms masculins et féminins en *a*, dont le génitif singulier est en *æ*, et le génitif pluriel en *arum*. Il y a aussi des noms communs qui sont masculins, quand ils se rapportent à l'homme, et féminins, quand ils se rapportent à la femme.

TABLEAU DES TERMINAISONS RÉGULIÈRES.

	Sing.	Pluriel.
N.	a.	æ.
V.	a.	æ.
G.	æ.	arum.
D.	æ.	is.
Ac.	am.	as.
Abl.	â.	is.

§ 2.   NOMS A DÉCLINER.

SINGULIER.

NOMINATIF.

Masculins.	Féminins.
Le poëte, *poeta.*	La terre, *terra.*
Le matelot, *nauta.*	La fourmi, *formica.*
Le convive, *conviva.*	Le rossignol, *luscinia.*
Le Scythe, *Scytha.*	La lionne, *leæna.*
L'écrivain, *scriba.*	La langue, *lingua.*

Ire PARTIE.   1

Masculins.	Féminins.
Le Perse, *Persa.*	Le merle, *merula.*
L'homicide, *homicida.*	L'eau, *aqua.*
Le laquais, *assecla.*	L'étoile, *stella.*
Le cocher, *auriga.*	Le raisin, *uva.*
Le laboureur, *agricola.*	L'aigle, *aquila.*

NOMS QUI N'ONT PAS DE *pluriel.*

Masculins.	Féminins.
La Seine, *Sequana.*	La Meuse, *Mosa.*
La Moselle, *Mosella.*	La Durance, *Druentia.*
L'Ossa (mont.), *Ossa.*	L'Etna (mont.), *Ætna.*
Cotta (n. d'hom.), *Cotta.*	Lucrèce (n. de f.), *Lucretia.*
Muréna (n. d'h.), *Muræna.*	Clélie (n. de f.), *Clelia.*

NOMS COMMUNS.

Masculins quand ils se rapportent à l'*homme*, *féminins* quand
ils se rapportent à la *femme.*

Habitant, habitante, *incola.*
Indigène (du pays), *indigena.*
Étranger, étrangère, *advena.*

§ 3.   VOCATIF,

Comme le nominatif; *il peut s'exprimer avec ou sans
l'interjection ô.*

Masculins.	Féminins.
Poëte, ô poëte.	Terre, ô terre.
Matelot, ô matelot, etc.	Fourmi, ô fourmi, etc.

§ 4.   GÉNITIF,

Marqué en français par *du, de, de la,* pour le singulier; *des,*
pour le pluriel, peut être gouverné par un nom, comme : *le
parfum* de la rose, *odor rosæ.*

Masculins.

Du poëte.	Du Perse.	Du convive.
Du matelot.	Du Scythe.	Du laquais.

De l'homicide.	Du cocher.	Du laboureur.
De l'écrivain.	De la Marne.	De l'Ossa.
De la Seine.	De Muréna.	De Cotta.

Féminins.

(*La forme* de la terre, *figura terræ*.)

De la fourmi.	De l'eau.	Du rossignol.
De l'étoile.	De la lionne.	Du raisin.
De la langue.	De l'aigle.	Du merle.
De la Meuse.	De la Durance.	De l'Etna.
De Lucrèce.	De Clélie.	

Noms communs.

De l'habitant, e.
De l'indigène.
De l'étranger, ère.

§ 5. DATIF,

Exprimé en français par *à, au* (*à l'*, *à la*), pour le singulier ; *aux* pour le pluriel, peut être gouverné par un adjectif, comme : *semblable* à la rose, *similis rosæ*.

Masculins.

Au poëte.	Au Perse.	Au matelot.
A l'homicide.	Au convive.	Au laquais.
Au Scythe.	Au cocher.	A l'écrivain.
Au laboureur.	A la Seine.	A la Marne.
A l'Ossa.	A Cotta.	A Muréna.

Féminins.

A la terre.	Au merle.	A la fourmi.
A l'eau.	Au rossignol.	A l'étoile.
A la lionne.	Au raisin.	A la langue.
A l'aigle.	A la Meuse.	A la Durance.
A l'Etna.	A Lucrèce.	A Clélie.

Noms communs.

A l'habitant, e. A l'indigène. A l'étranger, ère.

4   EXERCICES

§ 6.   ACCUSATIF,

Gouverné ou par un verbe, comme : *je vois* la rose, *video rosam*,
ou par une préposition, comme : *près* de la rose, *juxta rosam*, etc.

Masculins.

(Je vois, *video*)

Le poëte.	Le Perse.	Le matelot.
L'homicide.	Le convive.	Le laquais.
Le Scythe.	Le cocher.	L'écrivain.
Le laboureur.	La Seine.	La Marne.
L'Ossa.	Cotta.	Muréna.

Féminins.

La terre.	Le merle.	La fourmi.
L'eau.	Le rossignol.	L'étoile.
La lionne.	Le raisin.	La langue.
L'aigle.	La Meuse.	La Durance.
L'Etna.	Lucrèce.	Clélie.

NOMS COMMUNS.

L'habitant, e. L'indigène. L'étranger, ère.

§ 7.   ABLATIF,

Gouverné par une préposition comme : *par, sans, avec* la rose,
de la rose, *à, siné, cum, de rosâ ; je parle de* la rose, *loquor
de rosâ.* (La préposition est souvent sous-entendue devant
l'ablatif : Je me sers *de* la rose, *utor rosâ.*)

Masculins.

(*Je me sers*)

Du poëte.	Du Perse.	Du matelot.
De l'homicide.	Du convive.	Du laquais.
Du Scythe.	Du cocher.	De l'écrivain.
Du laboureur	De la Seine.	De la Marne.
De l'Ossa.	De Cotta.	De Muréna.

Féminins.

De la terre.	Du merle.	De la fourmi.
De l'eau.	Du rossignol.	De l'étoile.
De la lionne.	Du raisin.	De la langue.

De l'aigle.   De la Meuse.   De la Durance.
De l'Etna.   De Lucrèce.   De Clélie.

NOMS COMMUNS.

De l'habitant, e. De l'indigène. De l'étranger, ère.

PLURIEL.

§ 8.   NOMINATIF.

Masculins.

Les poëtes.   Les Perses.   Les matelots.
Les homicides.   Les convives.   Les laquais.
Les Scythes.   Les cochers.   Les écrivains.
Les laboureurs.

Féminins.

Les terres.   Les merles.   Les fourmis.
Les eaux.   Les rossignols.   Les étoiles.
Les lionnes.   Les raisins.   Les langues.
Les aigles.

NOMS COMMUNS.

Les habitants, es. Les indigènes. Les étrangers, ères.

VOCATIF,

Comme le nominatif.

Poëtes, ô poëtes, etc. Terres, ô terres, etc., etc.

§ 9.   GÉNITIF.

(*Le parfum* des roses, *odor rosarum.*)

Masculins.

Des poëtes.   Des Perses.   Des matelots.
Des homicides.   Des convives.   Des laquais.
Des Scythes.   Des cochers.   Des écrivains.
Des laboureurs.

Féminins.

Des terres.   Des merles.   Des fourmis.
Des eaux.   Des rossignols.   Des étoiles.

Des lionnes.   Des raisins.   Des langues.
Des aigles.

Noms communs.

Des habitants, es. Des indigènes. Des étrangers, ères.

§ 10.   DATIF,

(Semblable aux roses, similis rosis.)

Masculins.

Aux poëtes.   Aux Perses.   Aux matelots.
Aux homicides.   Aux convives.   Aux laquais.
Aux Scythes.   Aux cochers.   Aux écrivains.
Aux laboureurs.

Féminins.

Aux terres.   Aux merles.   Aux fourmis.
Aux eaux.   Aux rossignols.   Aux étoiles.
Aux lionnes.   Aux raisins.   Aux langues.
Aux aigles.

Noms communs.

Aux habitants, es. Aux indigènes.
Aux étrangers, ères.

§ 11.   ACCUSATIF,

Gouverné ou par un verbe, comme : *je vois* les roses, *video rosas,*
ou par une préposition, comme : *près* des roses, *juxta rosas.*

Masculins.

(Je vois)

Les poëtes.   Les Perses.   Les matelots.
Les homicides.   Les convives.   Les laquais.
Les Scythes.   Les cochers.   Les écrivains.
Les laboureurs.

Féminins.

Les terres.   Les merles.   Les fourmis.
Les eaux.   Les rossignols.   Les étoiles.
Les lionnes.   Les raisins.   Les langues.
Les aigles.

Noms communs.

Les habitants, es. Les indigènes. Les étrangers, ères.

§ 12.   ABLATIF,

Gouverné par une préposition, comme : *par, sans, avec* les roses, *des* roses, *à, sine, cum, de rosis; je parle des* roses, *loquor de rosis.* (La préposition est souvent sous-entendue : *Je me sers des* roses, *utor rosis.*)

Masculins.

(*Je me sers.*)

Des poëtes.	Des Perses.	Des matelots.
Des homicides.	Des convives.	Des laquais.
Des Scythes.	Des cochers.	Des écrivains.
Des laboureurs.		

Féminins.

Des terres.	Des merles.	Des fourmis.
Des eaux.	Des rossignols.	Des étoiles.
Des lionnes.	Des raisins.	Des langues.
Des aigles.		

Noms communs.

Des habitants, es. Des indigènes. Des étrangers, ères.

N. B On trouvera à la fin des déclinaisons régulières des exercices raisonnés sur tous les cas. Pour le moment nous nous bornerons à exercer les élèves sur la construction du génitif précédé d'un nom.

§ 13. EXERCICES SUR LA PREMIÈRE DÉCLINAISON.

Mots employés dans les exercices.

Masculins.	Féminins.
Le poëte, *poeta, æ.*	Le soin, *cura, æ.*
Le Scythe, *Scytha.*	La massue, *clava.*
Le matelot, *nauta.*	L'esquif, *scapha.*
Le cocher, *auriga.*	Le char, *rheda.*
Le convive, *conviva.*	La table, *mensa.*
La Seine, *Sequana.*	La rive, *ripa.*
L'habitant, *incola.*	La terre, *terra.*
Le laboureur, *agricola.*	La herse, *occa.*
La Marne, *Matrona.*	La dame, *matrona.*

Masculins.	Féminins.

L'échanson, *pincerna.*   La prudence, *prudentia.*

La poule, *gallina.*

La maison de campagne, *villa.*

La coupe, *patera.*

RÈGLE. Pour joindre ensemble deux noms en français, nous mettons *de, du, de, de l', de la,* avant le second nom, au singulier, et *des* au pluriel; en latin on met le second nom au génitif. — § 18, Gramm.

(*Cura poetæ.*)

Le soin du poëte.   L'habitant de la terre.

La massue du Scythe.   La herse du laboureur.

L'esquif des matelots.   Les poules des maisons de campagne.

Le char du cocher.

La table des convives.   Les esquifs du matelot.

Les soins des poëtes.   Les herses des laboureurs.

Les rives la Seine.   Les rives de la Marne.

La coupe des échansons.   La prudence des dames.

SECONDE DÉCLINAISON.

§ 14.   (Gramm., §§ 8, 9, 10.)

Les noms qui appartiennent à cette déclinaison se terminent au nominatif en *us, er, ir, um.* Un seul est terminé en *ir;* c'est le substantif *vir,* l'homme, et son composé *levir,* beau-frère. La terminaison *ur* ne se trouve que dans l'adjectif *satur, a, um.*

Les noms en *us* sont *masculins* ou *féminins.* Les noms en *er* sont en général *masculins.* Les noms en *um,* excepté les noms propres d'hommes et de femmes, sont du *neutre.*

§ 15. TABLEAU DES TERMINAISONS RÉGULIÈRES.

Singulier.

Nom.	us, er, ir, ur, um.
Voc.	e, er, ir, ur, um.
Gén.	i.
Dat.	o.
Ac.	um.
Abl.	o.

Pluriel.

Nom.	i, a.
Voc.	i, a.
Gén.	orum.
Dat.	is.
Ac.	os, a.
Abl.	is.

§ 16. NOMS A DÉCLINER.

SINGULIER.

NOMINATIF.

Masculins.	Féminins.
Le cheval, *equus.*	Le peuplier, *populus.*
Le messager, *tabellarius.*	Le saphir, *sapphirus.*
Le mulet, *mulus.*	La quenouille, *colus.*
L'écolier, *discipulus.*	Le ventre, *alvus.*
Le fermier, *villicus.*	Le laurier, *laurus.*
Le glaive, *gladius.*	Le van, *vannus.*
Le Gaulois, *Gallus.*	La période, *periodus.*
L'avocat, *patronus.*	L'orme, *ulmus.*
Le peuple, *populus.*	Le cerisier, *cerasus.*
L'aiguillon, *stimulus.*	Le pommier, *malus.*

NOMS QUI N'ONT PAS DE *pluriel.*

Masculins.	Féminins.
Le Xanthe (riv.), *Xanthus.*	L'Égypte, *Ægyptus.*
Le Liban (mont.), *Libanus.*	La terre, *humus.*
Paul (n. d'h.), *Paulus.*	Corinthe (ville), *Corinthus.*

Masc. et fém.

La chaloupe, *phaselus.*
Le pampre, *pampinus.*
Le gland, *balanus.*

§ 17. VOCATIF.

Masculins.	Féminins.
Cheval, ô cheval.	Peuplier, ô peuplier.
Messager, ô messager.	Saphir, ô saphir.

1.

Mulet, ô mulet.	Quenouille, ô quenouille.
Écolier, ô écolier.	Ventre, ô ventre.
Fermier, ô fermier.	Laurier, ô laurier.
Glaive, ô glaive.	Van, ô van.
Gaulois, ô Gaulois.	Période, ô période.
Avocat, ô avocat.	Orme, ô orme.
Peuple, ô peuple.	Cerisier, ô cerisier.
Aiguillon, ô aiguillon.	Pommier, ô pommier.

NOMS QUI N'ONT PAS DE *pluriel.*

Masculins.	Féminins.
Xanthe, ô Xanthe.	Égypte, ô Égypte.
Liban, ô Liban.	Terre, ô terre. (*Peu usité.*)
Paul, ô Paul.	Corinthe, ô Corinthe.

Masc. et fém.

Chaloupe, ô chaloupe.
Pampre,   ô pampre.
Gland,   ô gland.

§ 18.   GÉNITIF.

(*La bonté* de Dieu, *bonitas Dei.*)

Masculins.

Du cheval.	Du glaive.	Du messager.
Du Gaulois.	Du mulet.	De l'avocat.
De l'écolier.	Du peuple.	Du fermier.
De l'aiguillon.		

Féminins.

Du peuplier.	Du van.	Du saphir.
De la période.	De la quenouille.	De l'orme.
Du ventre.	Du cerisier.	Du laurier.
Du pommier.		

NOMS QUI N'ONT PAS DE *pluriel*.

Masculins.

Du Xanthe.   Du Liban.   De Paul.

Féminins.

De l'Égypte.   De la terre.   De Corinthe.

Masc. et fém.

De la chaloupe.   Du pampre.   Du gland.

§ 19.   DATIF.

(*Semblable* au cerf, *similis cervo.*)

Masculins.

Au cheval.   Au glaive.   Au messager.
Au Gaulois.   Au mulet.   A l'avocat.
A l'écolier.   Au peuple.   Au fermier.
A l'aiguillon.

Féminins.

Au peuplier.   Au van.   Au saphir.
A la période.   A la quenouille. A l'orme.
Au ventre.   Au cerisier.   Au laurier.
Au pommier.

NOMS QUI N'ONT PAS DE *pluriel*.

Masculins.

Au Xanthe.   Au Liban.   A Paul.

Féminins.

A l'Égypte.   A la terre.   A Corinthe.

Masc. et fém.

A la chaloupe.   Au pampre.   Au gland.

§ 20.   ACCUSATIF.

(*Je vois* le cerf, *video cervum.* Auprès du cerf, *apud cervum.*)

Masculins.

(*Je vois*)
Le cheval.   Le glaive.   Le messager.
Le Gaulois.   Le mulet.   L'avocat.

(Je vois)

L'écolier.   Le peuple.   Le fermier.
L'aiguillon.

Féminins.

Le peuplier.   Le van.   Le saphir.
La période.   La quenouille.   L'orme.
Le ventre.   Le cerisier.   Le laurier.
Le pommier.

NOMS QUI N'ONT PAS DE *pluriel*.

Masculins.

Le Xanthe.   Le Liban.   Paul.

Féminins.

L'Égypte.   La terre.   Corinthe.

Masc. et fém.

La chaloupe.   Le pampre.   Le gland.

§ 21.   ABLATIF.

*(Je parle du cerf, loquor de cervo. Je me sers du mulet,
utor mulo. Avec le mulet, cum mulo.)*

Masculins.

(Je me sers)

Du cheval.   Du glaive.   Du messager.
Du Gaulois.   Du mulet.   De l'avocat.
De l'écolier.   Du peuple.   Du fermier.
De l'aiguillon.

Féminins.

Du peuplier.   Du van.   Du saphir.
De la période.   De la quenouille.   De l'orme.
Du ventre.   Du cerisier.   Du laurier.
Du pommier.

NOMS QUI N'ONT PAS DE *pluriel*.

Masculins.

Du Xanthe.   Du Liban.   De Paul.

Féminins.

De l'Égypte.   De la terre.   De Corinthe.

Masc. et fém.

De la chaloupe. Du pampre. Du gland.

PLURIEL.

§ 22.   NOMINATIF.

Masculins.

Les chevaux.	Les glaives.	Les messagers.
Les Gaulois.	Les mulets.	Les avocats.
Les écoliers.	Les peuples.	Les fermiers.
Les aiguillons.		

Féminins.

Les peupliers.	Les vans.	Les saphirs.
Les périodes.	Les quenouilles.	Les ormes.
Les ventres.	Les cerisiers.	Les lauriers.
Les pommiers.		

Masc. et fém.

Les chaloupes. Les pampres. Les glands.

§ 23.   VOCATIF.

Comme le nominatif.

Chevaux, ô chevaux.   Peupliers, ô peupliers.
Messagers, ô messagers.   Saphirs, ô saphirs, etc.

§ 24.   GÉNITIF.

(*La vitesse* des cerfs, *velocitas cervorum.*)

Masculins.

Des chevaux.	Des glaives.	Des messagers.
Des Gaulois.	Des mulets.	Des avocats.
Des écoliers.	Des peuples.	Des fermiers.
Des aiguillons.		

Féminins.

Des peupliers.	Des vans.	Des saphirs.
Des périodes.	Des quenouilles.	Des ormes.
Des ventres.	Des cerisiers.	Des lauriers.
Des pommiers.		

Masc. et fém.

Des chaloupes.   Des pampres.   Des glands.

§ 25.   DATIF.

(Semblable aux cerfs, *similis cervis.)*

Masculins.

Aux chevaux.   Aux glaives.   Aux messagers.
Aux Gaulois.   Aux mulets.   Aux avocats.
Aux écoliers.   Aux peuples.   Aux fermiers.
Aux aiguillons.

Féminins.

Aux peupliers.   Aux vans.   Aux saphirs.
Aux périodes.   Aux quenouilles.   Aux ormes.
Aux ventres.   Aux cerisiers.   Aux lauriers.
Aux pommiers.

Masc. et fém.

Aux chaloupes.   Aux pampres.   Aux glands.

§ 26.   ACCUSATIF.

(Je vois les cerfs, *video cervos.)*

Masculins.

(Je vois)
Les chevaux.   Les glaives.   Les messagers.
Les Gaulois.   Les mulets.   Les avocats.
Les écoliers.   Les peuples.   Les fermiers.
Les aiguillons.

Féminins.

Les peupliers.   Les vans.   Les saphirs.
Les périodes.   Les quenouilles.   Les ormes.
Les ventres.   Les cerisiers.   Les lauriers.
Les pommiers.

Masc. et fém.

Les chaloupes.   Les pampres.   Les glands.

§ 27.   ABLATIF.

(Je parle des cerfs, loquor de cervis. Avec les mulets, cum mulis. Je me sers des mulets, utor mulis.)

Masculins.

(Je me sers)

Des chevaux.	Des glaives.	Des messagers.
Des Gaulois.	Des mulets.	Des avocats.
Des écoliers.	Des peuples.	Des fermiers.
Des aiguillons.		

Féminins.

Des peupliers.	Des vans.	Des saphirs.
Des périodes.	Des quenouilles.	Des ormes.
Des ventres.	Des cerisiers.	Des lauriers.
Des pommiers.		

Masc. et fém.

Des chaloupes.	Des pampres.	Des glands.

§ 28. TERMINAISON EN *er* (elle n'a que des noms masc.).

Noms *substantifs* qui conservent *e* au génitif.

L'enfant, *puer, pueri*.
Le beau-père, *socer*.
Le gendre, *gener*.
L'écuyer, *armiger*.
Bacchus (nom propre), *Liber*.
L'Ibérien (nom de peuple), *Iber*.
Le Celtibérien (nom de peuple), *Celtiber*.
Le prêtre, *presbyter* (presque inusité).

§ 29. Les autres noms *substantifs* en *er* rejettent *e* au génitif.

SINGULIER.

NOMINATIF.

Le champ, *ager, agri*.	Le livre, *liber, libri*.
Le sanglier, *aper*.	La couleuvre, *coluber*.
L'arbitre, *arbiter*.	Le maître, *magister*.
Le chevreau, *caper*.	Le ministre, *minister*.
Le couteau, *culter*.	Le crabe, *vanver*.

§ 30.   **VOCATIF.**

Comme le nominatif.

Enfant, ô enfant.   Champ, ô champ.
Beau-père, ô beau-père, etc. Sanglier, ô sanglier, etc.

§ 31.   **GÉNITIF.**

La voix de l'enfant, *vox pueri. La fertilité* du champ,
fertilitas agri.)

De l'enfant.   Du champ.
Du beau-père.   Du sanglier.
Du gendre.   De l'arbitre.
De l'écuyer.   Du chevreau.
De Bacchus.   Du couteau.
Du Celtibérien.   Du livre.
       De la couleuvre.
       Du maître.
       Du ministre.
       Du crabe.

§ 32.   **DATIF.**

(*Semblable* au cerf, *similis cervo.*)

A l'enfant.   Au champ.
Au beau-père.   Au sanglier.
Au gendre.   A l'arbitre.
A Bacchus.   Au chevreau.
A l'écuyer.   Au couteau.
Au Celtibérien.   Au livre.
       A la couleuvre.
       Au maître.
       Au ministre.
       Au crabe.

§ 33.   **ACCUSATIF.**

(*Je vois* le cerf, *video cervum.* Auprès du cerf, *apud cervum.*)

L'enfant.   Le champ.
Le beau-père.   Le sanglier.

Le gendre.   L'arbitre.
L'écuyer.   Le chevreau.
Bacchus.   Le couteau.
Le Celtibérien.   Le livre.
      La couleuvre.
      Le maître.
      Le ministre.
      Le crabe.

§ 34.   ABLATIF.

(*Je parle* du cerf, *loquor de cervo*. Avec, sans le mulet, *cum, sine mulo. Je me sers* du mulet, *utor mulo*.)

De l'enfant.   Du champ.
Du beau-père.   Du sanglier.
Du gendre.   De l'arbitre.
De l'écuyer.   Du chevreau.
De Bacchus.   Du couteau.
Du Celtibérien.   Du livre.
      De la couleuvre.
      Du maître.
      Du ministre.
      Du crabe.

PLURIEL.

§ 35.   NOMINATIF.

Les enfants.   Les champs.
Les beaux-pères.   Les sangliers.
Les gendres.   Les arbitres.
Les écuyers.   Les chevreaux.
Les Celtibériens.   Les couteaux.
Les enfants. (*Liberi*,   Les livres.
   usité seulement au plu-   Les couleuvres.
   riel, et pour signifier les   Les maîtres.
   enfants d'une famille.)   Les ministres.
      Les crabes.

§ 36. VOCATIF.

Comme le nominatif.

Enfants, ô enfants, etc.   Champs, ô champs, etc.

§ 37. GÉNITIF.

(*La vitesse* des cerfs, *velocitas cervorum.*)

Des enfants.   Des champs.
Des beaux-pères.   Des sangliers.
Des gendres.   Des arbitres.
Des écuyers.   Des chevreaux.
Des Celtibériens.   Des couteaux.
Des enfants.   Des livres.
                            Des couleuvres.
                            Des maîtres.
                            Des ministres.
                            Des crabes.

§ 38. DATIF.

(*Semblable* aux cerfs, *similis cervis.*)

Aux enfants.   Aux champs.
Aux beaux-pères.   Aux sangliers.
Aux gendres.   Aux arbitres.
Aux écuyers.   Aux chevreaux.
Aux Celtibériens.   Aux couteaux.
Aux enfants.   Aux livres.
                            Aux couleuvres.
                            Aux maîtres.
                            Aux ministres.
                            Aux crabes.

§ 39. ACCUSATIF.

(*Je vois* les cerfs, *video cervos.* Auprès des cerfs, *apud cervos.*)

Les enfants.   Les champs.
Les beaux-pères.   Les sangliers.

Les gendres.   Les arbitres.
Les écuyers.   Les chevreaux.
Les Celtibériens.   Les couteaux.
Les enfants.   Les livres.
                            Les couleuvres.
                            Les maîtres.
                            Les ministres.
                            Les crabes.

§ 40.   ABLATIF.

(*Je parle des cerfs, loquor de cervis. Je me sers des mulets,
utor mulis. Avec les mulets, cum mulis.*)

Des enfants.   Des champs.
Des beaux-pères.   Des sangliers.
Des gendres.   Des arbitres.
Des écuyers.   Des chevreaux.
Des Celtibériens.   Des couteaux.
Des enfants.   Des livres.
                            Des couleuvres.
                            Des maîtres.
                            Des ministres.
                            Des crabes.

Pour les adjectifs en *er* et les composés en *fer* et en *ger*, voyez
la Gramm., notes du § 9.

§ 41.   NOMS EN *ir*.

SINGULIER.

L'homme, *vir (viri).*   Le beau-frère, *levir.*
Homme, ô homme.   Beau-frère, ô beau-frère.
De l'homme.   Du beau-frère.
A l'homme.   Au beau-frère.
L'homme.   Le beau-frère.
De l'homme.   Du beau-frère.

PLURIEL.

Les hommes.	Les beaux-frères.
Hommes, ô hommes.	Beaux-frères, ô beaux-frères.
Des hommes.	Des beaux-frères.
Aux hommes.	Aux beaux-frères.
Les hommes.	Les beaux-frères.
Des hommes.	Des beaux-frères.

§ 42.　　　　　NOMS EN *um*.

Les noms en *um*, excepté les noms propres d'homme et de femme, sont du neutre. Dans toutes les déclinaisons, les noms neutres ont trois cas semblables, le *nominatif*, le *vocatif* et l'*accusatif*. Au pluriel, ces trois cas sont en *a*.

SINGULIER.

NOMINATIF.

La feuille, *folium*.	La guerre, *bellum*.
L'esclave, *mancipium*.	La bourse, *marsupium*.
Le vice, *vitium*.	L'appui, *fulcrum*.
Le mal, *malum*.	La pomme, *malum*.
L'obstacle, *impedimentum*.	L'édifice, *œdificium*.
La pierre, *saxum*.	L'exemple, *exemplum*.
Le miroir, *speculum*.	Le bras, *brachium*.
Le temple, *delubrum*.	La chapelle, *sacrarium*.

NOMS PROPRES.

Masculin.	Féminin.
Dinace, *Dinacium*.	Glycère, *Glycerium*.

§ 43.　　　　　VOCATIF.

Feuille, ô feuille, etc.	Guerre, ô guerre, etc.

§ 44.　　　　　GÉNITIF.

(*Les portes* du temple, *fores templi*.)

De la feuille.	De la guerre.
De l'esclave.	De la bourse.

Du vice.   De l'appui.
Du mal.   De la pomme.
De l'obstacle.   De l'édifice.
De la pierre.   De l'exemple.
Du miroir.   Du bras.
Du temple.   De la chapelle.

De Dinace.   De Glycère.

§ 45.   DATIF.

(Semblable au temple, *similis templo.)*

A la feuille.   A la guerre.
A l'esclave.   A la bourse.
Au vice.   A l'appui.
Au mal.   A la pomme.
A l'obstacle.   A l'édifice.
A la pierre.   A l'exemple.
Au miroir.   Au bras.
Au temple.   A la chapelle.

A Dinace.   A Glycère.

§ 46.   ACCUSATIF.

(Je vois le temple, *video templum.* Près du temple, *propè templum.*)

La feuille.   La guerre.
L'esclave.   La bourse.
Le vice.   L'appui.
Le mal.   La pomme.
L'obstacle.   L'édifice.
La pierre.   L'exemple.
Le miroir.   Le bras.
Le temple.   La chapelle.

Dinace.   Glycère.

§ 47.   ABLATIF.

(*Je suis maître* de la ville, *potior oppido.* Dans la ville, *in oppido.*)

De l'esclave.	De la guerre.
De la feuille.	De la bourse.
Du vice.	De l'appui.
Du mal.	De la pomme.
De l'obstacle.	De l'édifice.
De la pierre.	De l'exemple.
Du miroir.	Du bras.
Du temple.	De la chapelle.
De Dinace.	De Glycère.

PLURIEL.

§ 48.   NOMINATIF.

Les feuilles.	Les guerres.
Les esclaves.	Les bourses.
Les vices.	Les appuis.
Les maux.	Les pommes.
Les obstacles.	Les édifices.
Les pierres.	Les exemples.
Les miroirs.	Les bras.
Les temples.	Les chapelles.

§ 49.   GÉNITIF.

(*Les portes* des temples, *fores templorum.*)

Des feuilles.	Des guerres.
Des esclaves.	Des bourses.
Des vices.	Des appuis.
Des maux.	Des pommes.
Des obstacles.	Des édifices.
Des pierres.	Des exemples.
Des miroirs.	Des bras.
Des temples.	Des chapelles.

§ 50.   DATIF.

(*Semblable* aux temples, *similis templis.*)

Aux feuilles.	Aux guerres.
Aux esclaves.	Aux bourses.
Aux vices.	Aux appuis.
Aux maux.	Aux pommes.
Aux obstacles.	Aux édifices.
Aux pierres.	Aux exemples.
Aux miroirs.	Aux bras.
Aux temples.	Aux chapelles.

§ 51.   ACCUSATIF.

(*Je vois* les temples, *video templa.* Près des temples, *propè templa.*)

Les feuilles.	Les guerres.
Les esclaves.	Les bourses.
Les vices.	Les appuis.
Les maux.	Les pommes.
Les obstacles.	Les édifices.
Les pierres.	Les exemples.
Les miroirs.	Les bras.
Les temples.	Les chapelles.

§ 52.   ABLATIF.

(*Je me nourris* de fruits, *vescor pomis.* Sans les fruits, *sine pomis.*)

Des feuilles.	Des guerres.
Des esclaves.	Des bourses.
Des vices.	Des appuis.
Des maux.	Des pommes.
Des obstacles.	Des édifices.
Des pierres.	Des exemples.
Des miroirs.	Des bras.
Des temples.	Des chapelles.

§ 53.   EXERCICES.

Sur les noms unis par la préposition *de* (sur le génitif.)

Mots employés dans les exercices.

Masculin.

Le cheval, *equus, i.*   Le champ, *ager, agri.*
Le messager, *tabellarius.*   Le beau-père, *socer, soceri.*
Le glaive, *gladius.*   Le couteau, *culter.*
Le Gaulois, *Gallus.*   L'enfant, *puer.*
Le mulet, *mulus.*   L'homme, *vir.*
Le fermier, *villicus.*   Le livre, *liber.*
Le maître, *dominus.*   L'arbitre, *arbiter.*

Féminin.

Le pommier, *malus.*   La fille, *filia, æ.*
Le poirier, *pirus.*   Le tranchant, *acies, ei.*
Glycère, *Glycerium.*

Neutre.

La feuille, *folium.*   Le fruit, *pomum.*
L'esprit, *ingenium.*   Le miroir, *speculum.*
Le vice, *vitium.*   Le jugement, *judicium.*
L'esclave, *mancipium.*

Le cheval du messager. Le glaive du Gaulois. Le mulet du fermier. La feuille du pommier. Le fruit du poirier. Le miroir de Glycère. Le maître du champ. La fille du beau-père. Le tranchant du couteau. Les livres des enfants. L'esprit de l'homme. Le jugement des arbitres. Les vices de l'esclave. Les mulets des fermiers. Les feuilles des pommiers. Les glaives des Gaulois. Les chevaux des messagers. Le tranchant des couteaux.

TROISIÈME DÉCLINAISON.

§ 54.

La troisième déclinaison a le génitif singulier en *is*, et le génitif pluriel en *um* et quelquefois en *ium*.

Cette déclinaison comprend des noms de tout genre et de toute terminaison.

TABLEAU DES TERMINAISONS.

Singulier.

N. V. — a, e, i, y, o, c, l, n, r, s, t, x.
G. is.
D. i.
Acc. em, *pour le masc. et le fém.; neutre comme le nominatif.*
Abl. e (*quelquefois* i).

Pluriel.

N. V. es, *pour le masc. et le fém.; neutre,* a (*quelquefois* ia).
G. um (*quelquefois* ium).
D. ibus.
Acc. es. — *neutre,* a, *comme le nominatif.*
Abl. ibus, *comme le datif.*

SINGULIER.

55. NOMS A DÉCLINER.

Masculin.

LES NOMS SUIVANTS ONT LE GÉNITIF PLURIEL EN *um.*

Le consul, *consul, is.*
L'odeur, *odor, odoris.*
Le paon, *pavo, pavonis.*
Le frère, *frater, fratris.*
La prison, *carcer, carceris.*

Le soldat, *miles*, *militis*.
La muraille, *paries*, *parietis*.
Le pied, *pes*, *pedis*.
La pierre, *lapis*, *lapidis*.
Le pain, *panis*, *panis*.
Le chien, *canis*, *canis*,
La cendre, *cinis*, *cineris*.
Le peigne, *pecten*, *pectinis*.
La fleur, *flos*, *floris*.
Le petit-fils, *nepos*, *nepotis*.
Le gardien, *custos*, *custodis*.
L'oiseleur, *auceps*, *aucupis*.
Le prince, *princeps*, *principis*.
Le mouton, *verrex*, *vervecis*.
Le troupeau, *grex*, *gregis*.
Le rameur, *remex*, *remigis*.
Le juge, *judex*, *judicis*.
Le vieillard, *senex*, *senis*.
Le lièvre, *lepus*, *leporis*.
Le porc, *sus*, *suis*.

§ 56.   LES NOMS SUIVANTS ONT LE GÉNITIF PLURIEL EN *ium*.

La dent, *dens*, *dentis*.
La fontaine, *fons*, *fontis*.
Le sou, *as*, *assis*.
Le rat, *mus*, *muris*.
La pluie, *imber*, *imbris*.
La barque, *linter*, *lintris*.
Le serpent, *anguis*, *anguis*.
Le mois, *mensis*, *mensis*.
L'ongle, *unguis*, *unguis*.
La colline, *collis*, *collis*.

§ 57.   VOCATIF.

Comme le nominatif.

Odeur, ô odeur, *etc.*   Dent, ô dent, *etc.*

§ 58.   GÉNITIF.

*(L'autorité du père, auctoritas patris. J'ai pitié du père,
miséreor patris!)*

Du consul.	De la fleur.	De la dent.
De l'odeur.	Du petit-fils.	De la fontaine.
Du paon.	Du gardien.	Du sou.
Du frère.	De l'oiseleur.	Du rat.
De la prison.	Du prince.	De la pluie.
Du soldat.	Du mouton.	De la barque.
De la muraille.	Du troupeau.	Du serpent.
Du pied.	Du rameur.	Du mois.
De la pierre.	Du juge.	De l'ongle.
Du pain.	Du vieillard.	De la colline.
Du chien.	Du lièvre.	
De la cendre.	Du porc.	
Du peigne.		

§ 59.   DATIF.

*(Semblable au père, similis patri. Je suis utile au père,
prosum patri.)*

Au consul.	A la fleur.	A la dent.
A l'odeur.	Au petit-fils.	A la fontaine.
Au paon.	Au gardien.	Au sou.
Au frère.	A l'oiseleur.	Au rat.
A la prison.	Au prince.	A la pluie.
Au soldat.	Au mouton.	A la barque.
A la muraille.	Au troupeau.	Au serpent.
Au pied.	Au rameur.	Au mois.
A la pierre.	Au juge.	A l'ongle.
Au pain.	Au vieillard.	A la colline.
Au chien.	Au lièvre.	
A la cendre.	Au porc.	
Au peigne.		

§ 60.   ACCUSATIF.

[Je vois le père, video patrem. Auprès du père, apud patrem.)

Le consul.	La fleur.	La dent.

L'odeur.	Le petit-fils.	La fontaine.
Le paon.	Le gardien.	Le sou.
Le frère.	L'oiseleur.	Le rat.
La prison.	Le prince.	La pluie.
Le soldat.	Le mouton.	La barque.
La muraille.	Le troupeau.	Le serpent.
Le pied.	Le rameur.	Le mois.
La pierre.	Le juge.	L'ongle.
Le pain.	Le vieillard.	La colline.
Le chien.	Le lièvre.	
La cendre.	Le porc.	
Le peigne.		

§ 61.   ABLATIF.

(Je me nourris de pain, *vescor pane.* Avec du pain, *cum pane;*
sans pain, *sinè pane,* etc.)

Du consul.	De la fleur.	De la dent.
De l'odeur.	Du petit-fils.	De la fontaine.
Du paon.	Du gardien.	Du sou.
Du frère.	De l'oiseleur.	Du rat.
De la prison.	Du prince.	De la pluie.
Du soldat.	Du mouton.	De la barque.
De la muraille.	Du troupeau.	Du serpent.
Du pied.	Du rameur.	Du mois.
De la pierre.	Du juge.	De l'ongle.
Du pain.	Du vieillard.	De la colline.
Du chien.	Du lièvre.	*N. B.* Voir ci-après
De la cendre.	Du porc.	les abl. en *e* ou en *i*.
Du peigne.		

PLURIEL.

§ 62.   NOMINATIF.

Les consuls.	Les fleurs.	Les dents.
Les odeurs.	Les petits-fils.	Les fontaines.
Les paons.	Les gardiens.	Les sous.
Les frères.	Les oiseleurs.	Les rats.

Les soldats.   Les princes.   Les pluies.
Les prisons.   Les moutons.   Les barques.
Les murailles.   Les troupeaux.   Les serpents.
Les pieds.   Les rameurs.   Les mois.
Les pierres.   Les juges.   Les ongles.
Les pains.   Les vieillards.   Les collines.
Les chiens.   Les lièvres.
Les cendres.   Les porcs.
Les peignes.

§ 63.   GÉNITIF.

(*L'autorité* des pères, *auctoritas patrum. J'ai pitié* des pères,
misereor patrum.)

                                    (Gén. en *ium.*)

Des consuls.   Des fleurs.   Des dents.
Des odeurs.   Des petits-fils.   Des fontaines.
Des paons.   Des gardiens.   Des sous.
Des frères.   Des oiseleurs.   Des rats.
Des prisons.   Des princes.   Des pluies.
Des soldats.   Des moutons.   Des barques.
Des murailles.   Des troupeaux.   Des serpents.
Des pieds.   Des rameurs.   Des mois.
Des pierres.   Des juges.   Des ongles.
Des pains.   Des veillards.   Des collines.
Des chiens.   Des lièvres.
Des cendres.   Des porcs.
Des peignes.

§ 64.   DATIF.

(*Je suis utile* aux hommes, *prosum hominibus. Semblable* aux
hommes, *similis hominibus.*)

Aux consuls.   Aux fleurs.   Aux dents.
Aux odeurs.   Aux petits-fils.   Aux fontaines.
Aux paons.   Aux gardiens.   Aux sous.
Aux frères.   Aux oiseleurs.   Aux rats.
Aux prisons.   Aux princes.   Aux pluies.
Aux soldats.   Aux moutons.   Aux barques.
Aux murailles.   Aux troupeaux.   Aux serpents.

Aux pieds.	Aux rameurs.	Aux mois.
Aux pierres.	Aux juges.	Aux ongles.
Aux pains.	Aux vieillards.	Aux collines.
Aux chiens.	Aux lièvres.	
Aux cendres.	Aux porcs.	
Aux peignes.		

§ 65. ACCUSATIF.

(Je vois les hommes, video homines. Auprès des hommes, apud homines.)

Les consuls.	Les fleurs.	Les dents.
Les odeurs.	Les petits-fils.	Les fontaines.
Les paons.	Les gardiens.	Les sous.
Les frères.	Les oiseleurs.	Les rats.
Les prisons.	Les princes.	Les pluies.
Les soldats.	Les moutons.	Les barques.
Les murailles.	Les troupeaux.	Les serpents.
Les pieds.	Les rameurs.	Les mois.
Les pierres.	Les juges.	Les ongles.
Les pains.	Les vieillards.	Les collines.
Les chiens.	Les lièvres.	
Les cendres.	Les porcs.	
Les peignes.		

§ 66. ABLATIF.

(Je suis maître des villes, potior urbibus. Dans les villes, in urbibus.)

Des consuls.	Des fleurs.	Des dents.
Des odeurs.	Des petits-fils.	Des fontaines.
Des paons.	Des gardiens.	Des sous.
Des frères.	Des oiseleurs.	Des rats.
Des prisons.	Des princes.	Des pluies.
Des soldats.	Des moutons.	Des barques.
Des murailles.	Des troupeaux.	Des serpents.
Des pieds.	Des rameurs.	Des mois.
Des pierres.	Des juges.	Des ongles.
Des pains.	Des vieillards.	Des collines.

Des chiens.   Des lièvres.
Des cendres.   Des porcs.
Des peignes.

N. B. Nous croyons que les exercices précédents ont dû apprendre aux élèves à faire passer les noms par tous les cas, dans chaque déclinaison, sans en avoir le tableau sous les yeux. Nous nous bornerons donc maintenant à indiquer le *nominatif* (en français) des noms à décliner.

NOMS A DÉCLINER.

Féminins.

§ 67. LES NOMS SUIVANTS ONT LE GÉNITIF PLURIEL EN *um*.

La moisson, *seges, segetis.*
La mère, *mater, matris.*
La femme, *mulier, mulieris.*
L'arbre, *arbor, arboris.*
La vertu, *virtus, virtutis.*
Le sapin, *abies, abietis.*
L'enclume, *incus, incudis.*
L'épouse, *conjux, conjugis.*
La racine, *radix, radicis.*
Le hareng, *halex, halecis.*
La vierge, *virgo, virginis.*
L'hiver, *hiems, hiemis.*
La pointe, *cuspis, cuspidis.*
La récompense, *merces, mercedis.*
Les tenailles, *forceps, forcipis.*
La loi, *lex, legis.*
La grue, *grus, gruis.*

§ 68. LES NOMS SUIVANTS ONT LE GÉNITIF PLURIEL EN *ium*.

La flotte, *classis, classis.*
Le procès, *lis, litis.*
La qualité, *dos, dotis.*

La nuit, *nox, noctis.*
L'art, *ars, artis.*
La citadelle, *arx, arcis.*
La cohorte, *cohors, cohortis.*
La défaite, *clades, cladis.*
La neige, *nix, nivis.*
L'oreille, *auris, auris.*
Le siége, *sedes, sedis.*
La faux, *falx, falcis.*
La partie, *pars, partis.*
La chair, *caro, carnis.*
La fournaise, *fornax, fornacis.*

§ 69.   Noms neutres (génit. plur. en *um*).

Le fleuve, *flumen, fluminis.*
Le troupeau, *pecus, pecoris.*
L'alliance, *fœdus, fœderis.*
Le gage, *pignus, pignoris.*
Le crime, *scelus, sceleris.*
La tête, *caput, capitis.*
Le voyage, *iter, itineris.*
Le rivage, *littus, littoris.*
Le foie, *jecur, jecoris* (quelquefois *jecinoris*).
Le seuil, *limen, liminis.*
Le marbre, *marmor, marmoris.*
Le murmure, *murmur, murmuris.*
La jambe, *crus, cruris.*
La poitrine, *pectus, pectoris.*

§ 70.   EXERCICES.

Sur les noms unis par la préposition *de.*

Mots employés dans les exercices.

Masculin.

Le troupeau, *grex, gregis.* Le vieillard, *senex, senis,*

Le berger, *pastor, is.* Le rat, *mus, muris.*
Le soldat, *miles, militis.* La dent, *dens, dentis.*
La muraille, *paries, pa-*
rietis.

Féminins.

La mort, *mors, mortis.* L'arbre, *arbor, is.*
La récompense, *merces,* La racine, *radix, radicis.*
mercedis. L'âpreté, *asperitas. aspe-*
La vertu, *virtus, virtutis.* *ritatis.*
L'hiver, *hiems, hiemis.*

Neutres.

La blessure, *vulnus, vulne-* Le gage, *pignus, pignoris.*
ris. L'alliance, *fœdus, fœderis.*
La chambre, *conclave,* La force, *robur, roboris.*
conclavis. Le troupeau, *pecus, peco-*
La toison, *vellus, velleris.* *ris.*

Le troupeau du berger. Les blessures du soldat. La
muraille de la chambre. La mort du vieillard. Les
dents du rat. Les récompenses de la vertu. Les racines
des arbres. La toison des troupeaux. Les gages de l'alliance. L'âpreté de l'hiver. La force des soldats. Les
récompenses des vertus. Les troupeaux des bergers.

Au gage de l'alliance. Aux racines des arbres. A la
mort des vieillards. Aux toisons des troupeaux. A l'â-
preté de l'hiver. A la récompense des vertus. Aux murailles de la chambre.

2.

QUATRIÈME DÉCLINAISON.

§ 71. MASCULIN ET FÉMININ. — Singulier.

N. V.	us.
G.	ûs (*contracté pour* uis).
D.	ui (*quelquefois* u).
Ac.	um.
Abl.	u (*pour* ue).

Pluriel.

N. V.	us (*pour* ues).
G.	uum.
D.	ibus (*quelquefois* ubus).
Ac.	us.
Abl.	ibus (*quelquefois* ubus).

§ 72. NEUTRE. — Singulier.

N.	
V.	
G.	} u.
D.	
Ac.	
Abl.	

Pluriel.

N. V.	ua.
G.	uum.
D.	ibus (*quelquefois* ubus).
A.	ua.
Abl.	ibus (*quelquefois* ubus).

§ 73. NOMS A DÉCLINER.

Masculins.	Féminins.
L'armée, *exercit us.*	La main, *man us.*
Le sentiment, *sens us.*	La bru, *nur us.*
La dépense, *sumpt us.*	Le portique, *portic us.*
La course, *curs us.*	La belle-mère, *socr us.*
Le jeu, *lus us.*	(mère du mari).

L'assemblée, *cœt us*.   La quenouille, *col us*.
Le degré, *grad us*.   La vieille femme, *an us*.
Le pas, *pass us*.   Le pin, *pin us* (on dit aussi
Le fruit, *fruct us*.   *pinus, pini*).
Le visage, *vult us*.   Le cyprès, *cupress us* (et
Le magistrat, *magistrat us*.   *cupress us, cupress i*).
Le char, *curr us*.   Les noms féminins en *us*, à
                         cette déclinaison, sont en petit
                         nombre.

VOCATIF.

Comme le nominatif.

Armée, ô armée, etc.   Main, ô main, etc.

§ 74.   NOMS NEUTRES.

Les noms neutres de la quatrième déclinaison sont indéclinables au singulier, c'est-à-dire qu'ils ne changent point leur dernière syllabe; mais ils se déclinent au pluriel. Ces noms sont en très-petit nombre.

NOMS A DÉCLINER.

Le tonnerre, *tonitr u*.   La broche, *ver u*.
La corne, *corn u*.   Le genou, *gen u*.

(Voir ci-après les ablatifs en *ubus* ou en *ibus*, § 123.)

VOCATIF.

Tonnerre, ô tonnerre, etc.

§ 75.   EXERCICES.

Les chars de l'armée. La course des chars. Les sentiments des magistrats. La quenouille de la vieille femme. Les degrés du portique. La main de la bru. Le bruit (*strepitus*) du tonnerre. La pointe (*cuspis*) de la broche. Les cornes du taureau (*taurus, tauri*). Les nefs (*nervus, nervi*) du genou. Les branches (*ramus, rami*) des cyprès. La hauteur (*proceritas, tatis*) des pins.

(Rappelez-vous que *pinus* et *cupressus* sont aussi de la deuxième déclinaison.

CINQUIÈME DÉCLINAISON.

§ 76.

La cinquième déclinaison a le nominatif en *es*, le génitif singulier en *ei*, et le génitif pluriel en *erum*.

Les noms de cette déclinaison sont féminins, excepté *dies*, qui est masculin et féminin, et *meridies*, midi, qui est du masculin.

TABLEAU DES TERMINAISONS RÉGULIÈRES.

Singulier		Pluriel	
N.	es.	N.	es.
V.	es.	V.	es.
G.	ei.	G.	erum.
D.	ei.	D.	ebus.
Ac.	em.	Ac.	es.
Abl.	e.	Abl.	ebus.

SINGULIER.

§ 77.   NOMS A DÉCLINER.

Le jour, *di es*.	L'espérance, *sp es*.
L'apparence, *speci es*.	Le visage, *faci es*.
La chose, *r es*.	La race, *progeni es*.
La plaine, *planiti es*.	La foi, *fid es*.

Les noms suivants sont aussi de la première déclinaison.

La dureté, *duriti es* (ou *duritia*).
Le luxe, *luxuri es* (-*ia*).
La mollesse, *molliti es* (-*ia*).
La lenteur, *segniti es* (-*ia*)

N. B. Ces noms ne suivent guère la déclinaison en *es* qu'au *nomin.*, à l'*accus.* et à l'*ablat.*

VOCATIF.

Comme le nominatif.

Apparence, ô apparence, etc.

§ 78. PLURIEL.

Ces noms ne sont pas usités à tous les cas du pluriel. *Res* et *dies* sont les seuls qui aient tous les cas. Les autres noms ne doivent s'employer qu'au *nominatif*, au *vocatif* et à l'*accusatif*. On remarquera que les noms de vices et de vertus, tels que *mollities*, *bonitas*, etc., ne sont point, en général, usités au pluriel.

EXERCICES.

L'espérance, *spes*.	La douceur, *suavitas*.
La chose, *res*.	L'instabilité, *instabilitas*.
Le jour, *dies*.	La brièveté, *brevitas*.
Le visage, *facies*.	La mobilité, *mobilitas*.

La douceur de l'espérance.	L'instabilité des choses.
La brièveté des jours.	La mobilité du visage.

§ 79. EXERCICES SUR TOUS LES CAS.

Pour traduire les exercices suivants, il est nécessaire de connaître quelques règles de la Syntaxe. Nous tâcherons de les exposer d'une manière claire et succincte.

Le *génitif* (singulier ou pluriel) peut être gouverné par un nom, par un adjectif, par un adverbe, par une préposition et par un verbe. Pour les exercices suivants, il suffit de savoir qu'il peut être gouverné par un nom.

§ 80. CONSTRUCTION DU GÉNITIF.

RÈGLE. Lorsque *de*, *du*, *des*, est entre deux noms, le second nom se met *ordinairement* au *génitif* en latin. Ce nom répond à la question *de qui? de quoi?* Ex. Le livre de Pierre, *liber Petri*. (Le livre de qui? de Pierre, *Petri*.)

EXERCICES.

La massue du Scythe.	*Clava*, æ. *Scytha*, æ.
Le ruisseau de la plaine.	*Rivus*, i. *Campus*, i.
La pique du Celtibérien.	*Hasta*, æ. *Celtiber*, i.
Le peuplier du champ.	*Populus*, i. *Ager*, gri.
Le lien de l'esclave.	*Vinculum*, i. *Mancipium*, ii.

Le troupeau du berger.	*Grex, gis. Pastor, is.*
La loi de la ville.	*Lex, gis. Urbs, bis.*
La punition du crime.	*Pœna, æ. Scelus, eris.*
La lenteur du pas.	*Tarditas, tatis. Passus, ûs.*
La pointe de la broche.	*Cuspis, pĭdis. Veru.*
L'attente du jour.	*Espectatio, nis. Dies, ei.*

§ 81.   PLURIEL.

Les massues des Scythes. Le ruisseau des plaines.
Les piques des Celtibériens. Les peupliers des champs.
Les liens des esclaves. Les troupeaux des bergers. Les
lois des villes. La punition des crimes. La lenteur des
pas. Les pointes des broches. L'attente des jours.

§ 82.   DATIF ET ACCUSATIF.

Le datif est marqué en français par *à* (*à l'*, *à la*), *au*, *aux*. Il
se construit avec les adjectifs, comme : Livre utile à l'enfant, *liber
utilis puero ;* avec les verbes, en *régime indirect*, comme : Je donne
un livre à l'enfant, *do librum puero.* La paresse nuit à l'enfant,
pigritia nocet puero. Le datif répond à la question à *qui ? à quoi ?*
La paresse nuit à qui ? à l'enfant, *puero.* Plante utile à la santé,
planta utilis valetudini. Utile à quoi ? à la santé, *valetudini.*

L'accusatif se construit : 1° avec les prépositions, comme : Chez
le père, *apud patrem ;* 2° avec les verbes actifs ou qui ont une signification active, comme : J'aime le père, *amo patrem.* Il s'appelle *régime direct.* Il répond à la question *qui ? quoi ?* J'aime
qui ? le père, *patrem.* J'aime la vertu, *amo virtutem.* J'aime
quoi ? la vertu, *virtutem.*

Dans les phrases suivantes, les élèves s'exerceront à la fois sur
l'accusatif et sur le datif.

Exemple : Je donne un livre à l'enfant, *do librum puero.* Le
mot (*livre*) qui suit le verbe (je donne, *do*) se met à l'*accusatif.*
On n'exprime pas *un.* Le mot (*enfant*) qui suit la préposition *à*
se met au *datif.* On suivra la même règle pour le pluriel. Je donne
des livres aux enfants, *do libros pueris.* Il faut remarquer que *de,
du, de la, des,* après un verbe, ne marquent pas le génitif, et se
mettent à l'accusatif, lorsqu'ils sont régimes directs, comme ci-
dessus.

§ 83.   EXERCICES.

Je donne de l'argent au laboureur.
Do pecunia, æ. agricola, æ.
Je préfère la gloire à l'argent.
Antepono gloria, æ. pecunia, æ.
Je préfère les habitants de la campagne aux habitants de la ville.
Antepono incola, æ: mus, ris, incola, æ. urbs, bis.
Je préfère les roses aux violettes.
Antepono rosa, æ. viola, æ.
J'offre un prix à l'écolier.
Propono præmium, ii. discipulus, li.
Je livre un cheval à l'écuyer.
Trado equus, qui. armiger, i.
Je rends le livre à l'enfant.
Reddo liber, ri. puer, i.
J'accorde une grâce à l'esclave.
(Un, une, *dans ce sens, ne se rendent pas en latin.*)
Concedo beneficium, ii. mancipium, ii.

§ 84. — J'offre des prix aux écoliers. Je rends les livres aux enfants. Je livre des chevaux aux écuyers. J'accorde des grâces aux esclaves. Je donne de l'argent aux laboureurs. J'accorde une grâce aux esclaves.

§ 85.

Je donne un habit au pauvre.
Do vestis, is. pauper, is.
J'offre une fleur à ma sœur.
Offero flos, floris. mea, æ. soror, is.
J'accorde une récompense à la vertu.
Tribuo merces, cedis. virtus, tutis.
J'envoie un soldat au général.
Mitto miles, itis. dux, cis.
Je donne du feuillage au troupeau.
Appono frons, dis. pecus, coris (neut.).
Je paye un tribut au roi.
Pendo vectigal, alis (neut.). rex, regis.

J'offre un gage à mon compagnon.
Offero pignus, gnoris (neut.). *meus, ei. sodalis, is.*
Je fais une blessure à l'ennemi.
Infligo vulnus, neris (neut.). *hostis, is.*

§ 86. — Je donne des habits aux pauvres. J'offre des fleurs à mes sœurs. J'accorde des récompenses aux vertus. J'envoie des soldats aux généraux. Je donne du feuillage aux troupeaux. J'offre des gages à mes compagnons. Je fais des blessures aux ennemis.

§ 87.

J'envoie un char au magistrat.
Mitto currus, ûs, magistratus, ûs.
J'envoie la cavalerie à l'armée.
Mitto equitatus, ûs. exercitus, ûs.
J'oppose la main au coup.
Objicio manus, ûs. ictus, ûs.
Je préfère le chêne au cyprès.
Antepono quercus, ûs. cupressus, ûs.
Je mets la chair à la broche.
Affigo caro, carnis. veru.
J'entends le tonnerre.
Audio tonitru.

§ 88. — J'envoie des chars aux magistrats. J'envoie la cavalerie aux armées. J'oppose les mains aux coups. Je préfère les chênes aux cyprès. Je mets les viandes aux broches. J'entends les tonnerres, le bruit (*fragor, is*) des tonnerres.

§ 89.

Je préfère	la réalité à l'apparence. le jour à la nuit. la montagne à la plaine. la bonne foi à l'argent.
Antepono	*res, ei. species, ei.* *dies, ei. nox, ctis.* *mons, tis. planities, ei.* *fides, ei. pecunia, æ.*

§ 90. **EXERCICES.**

Sur le génitif, sur le datif et sur l'accusatif, au singulier et au pluriel, dans toutes les déclinaisons.

J'entends le bruit du tonnerre.
Audio fragor, is. tonitru.
Je préfère le bonheur de la paix aux triomphes de la guerre.
Antepono felicitas, tis. pax, cis. triumphus, i. bellum, i.
J'offre de l'encens au Dieu des Chrétiens.
Offero thus, thuris (neut.) Deus, ei. Christianus, ni.
J'admire le courage et la sagesse de Socrate.
Miror fortitudo, dinis. et sapientia, æ. Socrates, tis.
Je préfère la frugalité à la mollesse.
Antepono frugalitas, tatis. mollities, iei.
Je cueille les fruits du jardin.
Carpo fructus, ûs. hortus, ti.
Je sacrifie le luxe à l'utilité.
Posthabeo luxus, ûs. utilitas, tatis.
Je livre les vices aux mépris des hommes.
Trado vitium. ii (neut.). contemptus, ûs. homo, hominis.
Je loue les usages et les mœurs de l'antiquité.
Laudo usus, ûs. et mores, um. antiquitas, tatis.
J'admire la lumière du jour et l'éclat du soleil.
Miror lux, cis. dies, ei. et splendor, is. sol, is.
J'obéis aux magistrats de la ville.
Pareo magistratus, ûs. urbs, bis.
J'accorde des récompenses aux enfants.
Tribuo præmium, ii. puer, eri.
Je mets une couronne sur (à) la tête du vainqueur.
Impono corona, æ. caput, pitis. victor, is.
Je préfère la paix des champs au tumulte de la ville, et le bonheur de la médiocrité aux inquiétudes des richesses.
Antepono pax, cis. ager, gri. tumultus, ûs. urbs, bis. et felicitas, tis. mediocritas, tatis. sollicitudo, dinis. divitiæ, arum.

Je respecte Dieu créateur du ciel et de la terre.

Veneror Deus, i. creator, is. cœlum, i. et terra, æ.

Dieu accorde des bienfaits aux peuples de la terre.

Deus largitur beneficium, ii. populus, i. terra, æ.

César donna des terres aux soldats vainqueurs des ennemis.

Cæsar dedit ager, agri. miles, militis. victor, is. hostis, is.

§ 91. ABLATIF.

L'*ablatif*, qu'on peut appeler cas de la préposition, est toujours gouverné par une préposition exprimée ou sous-entendue, comme *de, par, sans, avec,* etc. Il répond à la question *de qui? par qui? de quoi? par quoi? sans qui? sans quoi? avec qui? avec quoi?* etc.

Je parle de la vertu, *loquor de virtute.* Je parle de quoi? de la vertu, *de virtute.* Je suis loué par le maître, *laudor à magistro.* Je suis loué par qui? par le maître, *à magistro.*

§ 92. EXERCICES.

Je m'éloigne du chemin.

Discedo à via, æ.

Je parle du messager.

Loquor de tabellarius, ii.

Je suis aimé de Dieu.

Amor à Deus, i.

Je sors avec l'enfant.

Exeo cum puer, i.

Je me promène dans la forêt.

Ambulo in sylva, æ.

Je suis défendu par le soldat.

Defendor à miles, itis.

Je m'élance du char.

Desilio de currus, ûs.

Je parle de la chose.

Loquor de res, rei.

Je suis charmé par les rossignols.

Delector à luscinia, æ.

Je suis entendu par les arbitres.
Audior ab arbiter, tri.

Je me promène avec les élèves.
Ambulo cum discipulus, i.

Je délivre des maux.
Libero à malum, i.

Je parle aux hommes.
Loquor cum homo, inis.

J'erre sur les montagnes.
Erro in mons, tis.

Je sors avec les troupeaux.
Egredior cum pecus, coris.

Je m'abstiens des dépenses.
Abstineo à. sumptus, us.

Je discute sur les choses.
Dissero de res, rei.

Je pense aux accidents de la vie.
Cogito de casus, us. vita, æ.

Je suis entraîné par les chevaux du char.
Abripior ab equus, qui. currus, us.

Je suis aimé des enfants de la maison.
Amor à puer, i. domus, us.

Je doute du succès de l'affaire.
Dubito de successus, us. res, rei.

Je m'éloigne des rivages de la mer.
Discedo à littus, oris. mare, ris.

Je m'informe de l'issue de la guerre.
Quæro de exitus, us. bellum, i.

SUPPLÉMENT AUX DÉCLINAISONS.

---

§ 93.   PREMIÈRE DÉCLINAISON.

L'ablatif pluriel en *abus* est peu usité dans les bons auteurs. *Deabus* se trouve dans Cicéron, *Filiabus* dans Sénèque et T.-Live. Les auteurs qui ont employé d'autres ablatifs de ce genre ne font

point autorité. On se sert de la terminaison en *is*. (*Equis*, Colum.
asinis. Plin.; *animis*, Cic.)

Des filles, *filiabus*. Cat. Sen. Liv.
Des affranchies, *libertabus*. Modest.
Des esclaves, *conservabus*. Scævol.
Des âmes, *animabus*. Dans les auteurs ecclés.
Des servantes, *famulabus*. Saint J.
Des cavales, *equabus*.   ⎫
Des mules, *mulabus*.   ⎬   **Priscius et Palémon.**
Des ânesses, *asinabus*.   ⎬
Des filles, *natabus*.   ⎭

    N. B. Cette terminaison appartient aux anciens écrivains, dans
lesquels on trouve *habus* pour *his*, *illabus* pour *illis*, etc.

§ 94.

Noms en *e*.		Noms en *es*.		Noms en *as*.	
Nom.	e.	*Nom.*	es.	*Nom.*	as.
Voc.	e.	*Voc.*	e, a.	*Voc.*	a.
Gén.	es.	*Gén.*	æ.	*Gén.*	æ.
Dat.	æ.	*Dat.*	æ.	*Dat.*	æ.
Acc.	en.	*Acc.*	en.	*Acc.*	am, an.
Abl.	e.	*Abl.*	e.	*Abl.*	â.

Le pluriel comme *rosæ*, *rosarum*.

§ 95.   Noms a décliner.

Féminins.

La musique, *musice*.	L'abrégé, *epitome*.
L'ode, *ode*.	La grammaire, *grammatice*.
La poésie, *poetice*.	
La rhétorique, *rhetorice*.	Cybèle (n. pr.), *Cybele*.

§ 96.   Masculin.

Le lecteur, *anagnostes*.	Borée (la bise), *Boreas*.
Le géomètre, *geometres*.	Le serpent, *pharias*.
La planète, *planetes*.	Gyas (n. pr.), *Gyas*.
Le souverain, *dynastes*.	Hippias, *Hippias*.
La comète, *cometes*.	Phidias, *Phidias*.

Hercule, *Alcides.* Cineas, *Cineas.*
L'Euphrates, *Euphrates.* Prusias, *Prusias.*

§ 97.

La plupart des noms en *e* et en *es* prennent aussi la terminaison *a ;* Cicéron s'attache à donner cette forme à ceux de ces mots qui sont d'un usage plus fréquent, comme *musica*, *grammatica*, *geometra*, *Getes* ou *Geta*, le Gète, etc.

Les poëtes font souvent une contraction au génitif pluriel, comme *terrigenûm*, pour *terrigenarum*, des fils de la terre; *Æneadûm* pour *Æneadarum*, des compagnons d'Énée, etc.

DEUXIÈME DÉCLINAISON.

§ 98. (*Supplément.*)

Noms en *ius*, vocatif *i*. Comme *Cnei*, ô Cneïus; *Mari*, ô Marius, etc. Les mots grecs qui servent d'épithètes, tels que *Delius*, *Cynthius;* les noms de famille, tels que *Laertius*, font le vocatif en *e : Delie* (dieu), de Délos; *Cynthie* (dieu), du Cynthe; *Laertie* (fils), de Laerte.

§ 99. NOMS A DÉCLINER.

Nominatif.	Vocatif.
Le fils, *filius.*	Fils, ô fils.
Le génie, *genius.*	Génie, ô génie.
Antoine, *Antonius.*	Antoine, ô Antoine.
Caïus, *Caius.*	Caïus, ô Caïus.
Horace, *Horatius.*	Horace, ô Horace.
Pompée, *Pompeius.*	Pompée, ô Pompée.
Virgile, *Virgilius*, etc.	Virgile, ô Virgil.. etc.

Les autres cas sont réguliers.

§ 100. NOMS QUI ONT LE VOCATIF EN *u*.

Nominatif.	Vocatif.
Dieu, *Deus.*	Dieu, ô Dieu. (Nomin pl. *Dii*, dat. et abl. *Diis*.)
L'agneau, *agnus.*	Agneau, ô agneau.

Le chœur, *chorus.*   Chœur, ô chœur.
Le fleuve, *fluvius*.*   Fleuve, ô fleuve.

§ 101. NOMS DE LA DEUXIÈME DÉCLINAISON TIRÉS DU GREC.

Terminaisons du singulier.

N.   eus.
V.   eu.   Ces substantifs sont des noms propres
Gén. ei, eos.   et n'ont point de pluriel.
Dat. eo.
Acc. eum, ea.   L'accusatif en *eon* n'existe que dans les
Abl. eo.   noms qui, en grec, sont de la 2ᵉ déclinaison,
                     comme *Peneus*, le Pénée. *Alpheus*, l'Al-
                     phée. Acc. *Peneon*, *Alpheon*.

NOMS A DÉCLINER.

Persée, *Perseus.*   Protée, *Proteus.*
Thésée, *Theseus.*   Orphée, *Orpheus.*
Morphée, *Morpheus.*   Térée, *Tereus.*

§ 102.   NOMS GRECS EN *os* ET EN *on*.

NOMS EN *os*. — Féminins.

Terminaisons du singulier.

N. os *ou* us. *V.* e. *G.* i. *Dat.* o. *Ac.* on *ou* um. *Ab.* o.

NOMS A DÉCLINER. (*Noms propres sans pluriel.*)

Delos,   ⎞   *Delos et Delus.*
Samos,   ⎬ Îles,   *Samos.*
Paros,   ⎠   *Paros.*

§ 103.   Masculin.

L'isthme, *isthmos* et *isthmus.*

§ 104.   NOMS EN *on.* — Neutres.

Terminaisons du singulier.

Nom. Voc. on. *Gén.* i. *Dat.* o. *Acc.* on. *Abl.* o.

(La plupart de ces noms se terminent aussi en *um* au *nominatif*
et à l'*accusatif.*)

---

* Suivant plusieurs grammairiens, *fluvius* fait au vocatif *fluvie ;*
mais *fluvius* se trouve dans Virgile, Æn., VIII, 77.

Terminaisons du pluriel.

Nom. Voc. a. *Gén.* on *ou* orum. *Dat.* is *Acc.* a.
Abl. is.

NOMS A DÉCLINER.

Le lexique, *lexicon.* (On ne trouve pas *lexicum*.)
Ilion (ville), *Ilion* et *Ilium.*

Pluriel.

Les lexiques, *lexica.*
Les géorgiques, *georgica.*
Les bucoliques, *bucolica.*

§ 105. NOMS EN *ous* et *us*:

Nom. ous, us. *V.* ŏe, u. *G.* i. *D.* o. *Ac.* um. *Ab.* o.

NOMS A DÉCLINER. (*Noms propres.*)

N. Alcinoüs, *Alcinous.*
Panthus, *Panthus.*
V. Alcinoüs, ô Alcinoüs. Panthus, ô Panthus, etc.

§ 106. NOMS EN *os* LONG.

Nom. Voc. os *Gén.* et *Dat.* o. *Acc.* o, on. *Abl.* o.
Quelquefois, us, i, o, um, o.

NOMS A DÉCLINER.

N. Athos (mont), *Athos.*
Cos (île), *Cos* ou *Cous*, etc.

N. B. La forme grecque est employée par les poëtes et par les
prosateurs les moins anciens.

§ 107. GÉNITIF PLURIEL EN *um* POUR orum.

On trouve souvent le génitif pluriel en *um*, par syncope pour
orum, dans *certains* mots.
Liberûm pour *Liberorum*, des enfants, *Fabrûm—orum*, des
ouvriers. *Sestertiûm—orum*, des sesterces. *Nummûm—orum*,
des pièces de monnaie d'or, d'argent, etc. *Virûm* pour *virorum*
(*triumvirûm*, des triumvirs), et même *sociûm*, pour *sociorum*,
des alliés. *Superûm* pour *superorum*, des dieux du ciel. *Inferûm*
pour *inferorum*, des enfers. Cette syncope se rencontre souvent

chez les poëtes. *Italûm* pour *Italorum*. *Divûm* pour *Divorum*, etc., etc. Mais c'est une licence qu'il ne faut point, en général, se permettre dans la prose.

TROISIÈME DÉCLINAISON.

§ 108.   (*Supplément.*)

Terminaisons en is, *acc.* im (*quelquefois* in, *dans les noms propres*), *abl.* i.

NOMS A DÉCLINER.

§ 109.   Masculins.

La Loire, *Ligeris.* (Gén.-*is.*) Le Tanaïs (fl.), *Tanais.*

Le Tibre, *Tiberis.* La Saône (fl.), *Araris.*

L'Elbe, *Albis.*

Le concombre, *cucumis,* G. *mis* et *meris,* D. *mi,* Ac. *mim.*

§ 110.   Féminins.

Le chanvre, *cannabis.* (Gén.-*is* ; celui-ci fait à l'abl. *e* ou *i.*)

La hache (à deux tranchants), *bipennis.*

La toux, *tussis.* Le cordeau, *amussis.*

La soif, *sitis.* La poésie, *poesis.*

La force, *vis* (pas de datif). La mauvaise odeur, *mephilis.*

§ 111.   NOMS A DÉCLINER.

ACCUSATIF. en *im* ou en *in.* ABLAT. en *i.* (Vocat. ordinairement en *i* dans les noms propres : *Memphis,* voc. *Memphi.*)

Acc. en *im* ou en *em.* ABL. en *i* ou en *e.*

Masculins.   Féminins.

Agis (n. d'h.), *Agis.* (Gén.-*is*) Le bassin, *pelvis.* (Gén.-*is.*)

La Tamise (fl.), *Tamesis.* La clef, *clavis.*

Féminins. L'enrouement, *ravis.*

Memphis (ville), *Memphis.* Le vaisseau, *navis.*

Charybde (gouffre), *Charybdis.* La poupe, *puppis.*

La scie (poisson), *pristis.* La corde, *restis* (abl. en *e* seulement).

Féminins.

La fièvre, *febris.*
La tour, *turris.*
La hache, *securis.*

§ 112. Noms grecs en *asis, esis, isis.* Gén. *is* ou *eos* ou *ios.* Dat. *i.* Acc. *im, in.* Abl. *i.* — Pluriel. Nomin. *es.* Gén. *eon* (*usité seulement dans les titres des livres*). Dat. *ibus.* Acc. *es.* Abl. *ibus.*

Noms à décliner.

Féminins.

La poésie, *poesis.*
La thèse, *thesis.*
La phrase, *phrasis.*
L'hérésie, *hæresis.*
La base, *basis.*
La métamorphose, *metamorphosis.*
La phthisie, *phthisis.*
La paralysie, *paralysis.* ⎫
La Genèse, *Genesis.* ⎬ Inus. au pluriel.
Naples, *Neapolis.* ⎭

§ 113. Noms en *ys.* Voc. *y.* Gén. *yis* contr. *ys, yos.* Dat. *yi* contr. *y.* Acc. *yim* contr. *ym, yn.* Abl. *ye* contr. *y.*

Noms à décliner.

Masc.	Fém.
Tiphys (n. pr.), *Tiphys.*	Téthys, *Tethys* (*femme de*
Cotys, *Cotys.*	*l'Océan*).
Capys, *Capys.*	Erinnys, *Erinnys.* Nomin.
Atys, *Atys.*	pl. *Erinnyes* (accus. *yas*
L'Halys (fl.), *Halys.*	et *ys*), les Furies.

§ 114. Noms qui ont l'Acc. singulier en *em, a,* et l'Acc. pluriel en *es, as.*

(Les noms d'hommes en *as, antis,* comme *Pallas, Pallantis, Atlas, Atlantis,* font le voc. en *a: Palla, Atla;* les autres noms ont le voc. en *as, Pallas, Palladis,* voc. *Pallas.*)

Ire PARTIE. 3

Noms a décliner.

Pallas, *Pallas*, *Palladis*. Fém. ⎫
Atlas, *Atlas*, *Atlantis*. Masc. ⎭ N. pr.
Le diamant, *adamas*, *adamantis*. Masc.
Le géant, *gigas*, *gigantis*. Masc.
La semaine, *hebdomas*, *hebdomadis*. Fém.
Le Thrace, *Thrax*, *Thracis*.
Le Phrygien, *Phryx*, *Phrygis*.
Le Titan, *Titan*, *Titanis*.
Le Macédonien, *Macedo*, *onis*.
L'air, *aer*, *aeris*. Masc.
Le ciel, *œther*, *œtheris*. Masc.
La coupe, *crater*, *crateris*. Masc.
L'aimant, *magnes*, *magnetis*. Masc.
Le tapis, *tapes*, *tapetis*. Masc.
Salamine (île), *Salamin*, *inis*. Fém.
Le Dauphin, *Delphin*, *Delphinis*. Masc.
Le Simoïs (riv.), *Simoïs*, *Simoentis*. Masc.
Le héros, *heros*, *herois*. Masc.
La boîte, *pixis*, *pixidis*. Fém.
Iris (n. pr.), *Iris*, *Iridis* (voc. *i* ou *is*). Fém.
Phyllis, *Phyllis*, *Phyllidis*. Fém.
Carnéade, *Carneades*, *is*. Masc.
La phalange, *phalanx*, *gis*. Fém.
L'Arabe, *Arabs*, *bis*.
Le Styx, *Styx*, *ygis*. Masc.
Le lynx, *lynx*, *lyncis*. Masc.
L'Amazone, *Amazon*, *is*. Fém.
Lacédémone, *Lacedœmon*, *is*. Fém.
Timoléon, *Timoleon*, *ontis*. Masc.
Hector, *Hector*, *is*. Masc.
Le trépied, *tripus*, *tripodis*. Masc.
Daphnis, *Daphnis*, *idis*. Masc.
Paris, *Paris*, *idis*. Masc.

Plusieurs noms grecs en *is* ont l'accus. en *im, in, dem* ou *da* : tels sont *Paris, Parim, Parin, Paridem, Parida; Alexis, Daphnis, Eris, Iris, Adonis, Phalaris. Isis.* D'autres ont seulement l'ac. en *ida* et en *idem* : tels sont *tyrannis, Æneis, Nereis, Amaryllis.* Les noms grecs féminins en *o* ont souvent *l'accus.* en *o,* comme le *nomin.* En outre, ils ont aussi un génitif en *us.* Exemple : *Sappho,* gén. *Sapphus,* dat. *Sappho,* acc. *Sappho;* de même *Dido, Alecto, Echo, Calypso,* etc. Mais ils suivent aussi la déclinaison latine : *Dido, nis, i, em, e.*

§ 115. NOMS NEUTRES EN *e, al, ar.* ABL. *i.* PLUR. *ia, ium,* etc.

NOMS A DÉCLINER.

Le lit, *cubile,* gén. *is.*	L'impôt, *vectigal.*
Le collier, *monile.*	L'éperon, *calcar.*
L'animal, *animal.*	Le plafond, *laquear.*

De même :

L'étable, la crèche, *præsepe,* neut., et *præsepis, is,* fém., abl. *e* ou *i.* Le neutre est plus usité.

§ 116. Exceptions : Ablatif en E. (NOMS A DÉCLINER.)

La gantelée (plante), *bacchar, is,* abl. *e.*
Le blé, *far, rris.*
Le foie, *hepar, atis.*
Étoile du matin, ou du soir; éclat du soleil, *jubar, is.*
Le nectar, *nectar, is.*
Étoffe, *gausape, is.*
Filet, *rete, is,* abl. *i,* et *retis, is,* fém., abl. *e.*

§ 117. NOMS EN *ma,* DAT. ET ABL. PLURIELS *is* ET *ibus.*

NOMS A DÉCLINER. (*Neutres.*)

Le poëme, *poema,* gén. *tis.*	Le dogme, *dogma.*
L'énigme, *œnigma.*	Le stratagème, *stratagema.*
Le diadème, *diadema.*	L'échafaud, *pegma.*

§ 118. Noms qui ont l'ablatif en *e* ou en *i*.

Noms a décliner.

Masc.	Fém.
Le compagnon, *sodalis*; abl. *sodale* ou *sodali*.	La trirème, *triremis*; abl. *me* ou *mi*.
L'édile, *œdilis*.	L'oiseau, *avis*.
L'ongle, *unguis*.	La flotte, *classis*.
Le feu, *ignis*.	La moisson, *messis*.
Le cercle, *orbis*.	La petite fille, *neptis*.
Le fleuve, *amnis*.	Le mobilier, *supellex*, *ectilis*.
Le citoyen, *civis*.	
Le bâton, *fustis*.	
Le levier, *vectis*.	
Le poteau, *postis*.	
Le trident, *tridens*, *entis*.	
La pluie, *imber*, *bris*.	

N. B. La terminaison en *e* ou en *i* à l'ablatif de tous ces mots se trouve dans les meilleurs auteurs. Il y a encore d'autres ablatifs en *e*, usités dans les poëtes, tels que *rivale*, que nous ne donnons pas ici.

§ 119.   Génitifs en *um* et en *ium*.

Les noms parisyllabiques (c'est-à-dire les noms qui n'ont au *génitif singulier pas plus* de syllabes qu'au *nominatif*) ont en général le génitif pluriel en *ium*, comme *amnis*, fleuve, *amnium*. Il en est de même des noms monosyllabiques, comme *dens*, la dent, *dentium*. Cependant il y a de nombreuses exceptions.

Génitif pluriel en *um*. (Noms parisyllabiques.)

Noms a décliner.

Masculin.

Le chien, *canis*; des chiens, *canum*, etc.	Le mulet (poisson), *mugilis*.
Le jeune homme, *juvenis*.	Le vieillard, *senex*, *senis*.

Le pain., *panis.*   Le prophète, *vates, is.*

Féminin.

L'étrille , *strigilis.*

§ 120.   GÉN. EN *um* ET *ium.*

Féminin.

L'abeille, *apis, ium* et *um.* L'oiseau, *volucris.*

§ 121.   MONOSYLLABES EN *um.*

NOMS À DÉCLINER.

Masc.	Fém.
Le chef, *dux, ducis, ducum.*	La croix, *crux, crucis.*
Le lynx, *lynx, lyncis.*	La prière (*prex, precis,*
Le Thrace, *Thrax, Thra-*	inus.), *preci,* etc.
cis.	La voix, *vox, vocis.*
Le Phrygien, *Phryx, Phry-*	La noix, *nux, nucis.*
gis.	Le fruit, *frux* (inus. au
Le troupeau, *grex, gregis.*	nom.), *frugis.*
Le roi, *rex, regis.*	La loi, *lex, legis.*
Le pied, *pes, pedis.*	La fraude, *fraus, frau-*
La fleur, *flos, floris.*	*dis.*
La coutume, *mos, moris.*	Le griffon, *gryps, gryphis.*
La rosée, *ros, roris.*	Les mets, *daps* (peu usité),
Le bœuf, *bos, bovis* (gén. pl.	*dapes, um.*
boum, dat. pl. *bobus).*	Le secours, *ops* (inus.), *opis.*
Le porc, *sus, suis.*	La grue, *grus, gruis.*
Le voleur, *fur, furis.*	La louange, *laus, laudis.*
Le Troyen, *Tros, Trois.*	Le sphinx, *sphinx, sphin-*
Les reins, *ren* (*renes, um*).	*gis.*

Lar, le Dieu Lare, *larum* ou *larium* (masc.).

§ 122.   IUM *et* ORUM.

Les noms des fêtes en *ia,* usités seulement au pluriel, ont le génitif en *ium* et en *orum.*

Les bacchanales, *bacchanalia*, *ium* ou *orum*.

Les lupercales, *lupercalia*. (La term. *ium* est plus usitée.)

Plusieurs noms ont encore le gén. plur. en *um* ou *ium*.

Serpens, serpent; *parens*, parent; *infans*, enfant; *adolescens*, jeune homme; *cliens*, client.

Penates, pénates. *Optimates*, les grands d'un état. *Civitas*, ville. *Ætas*, âge, etc. Dans ces derniers, la terminaison *um* paraît être plus usitée.

QUATRIÈME DÉCLINAISON.

§ 123.   (*Supplément.*)

DAT. ET ABL. PLUR. EN *ubus*.

NOMS A DÉCLINER.

Masculins.

Le lac, *lacus*. — Aux lacs, *lacubus*.
L'arc, *arcus*. — Aux arcs.
L'enfantement, *partus*. — Aux enfantements.
Les membres, *artus* (pluriel). — Aux membres.
Le port, *portus* (*ubus* et *ibus*). — Aux ports.

Féminins.

Le chêne, *quercus*. — Aux chênes.
La caverne, *specus*. — Aux cavernes.
La tribu, *tribus*. — Aux tribus.
L'aiguille, *acus*. — Aux aiguilles.
Le figuier, *ficus*. — Aux figuiers.

NEUTRES, *ubus* ET *ibus*.

Le genou, *genu*. — Aux genoux.
La broche, *veru*. — Aux broches.

§ 124.   TERMINAISONS DE *domus.*

Sing. *N. voc.* us. *Gén.* ûs, i* *Dat.* ui, o. *Ac.* um.
   Abl. o.

Plur. *N. voc.* us. *Gén.* orum, uum. *Dat.* ibus. *Ac.*
   os, us. *Abl.* ibus.

§ 125. Datif singulier en *u*. (Dans Cicéron, Virgile, César, Tacite)**.

   L'armée, *exercitus.* —A l'armée.
   La cavalerie, *equitatus.* —A la cavalerie.
   Le luxe, *luxus.* —Au luxe.
   L'usage, *usus.* —A l'usage.

CINQUIÈME DÉCLINAISON.

§ 126.   (*Supplément.*)

Génitif et datif singulier en *e*.**

La foi, *fides*, *fidei* ou *fide*.   La perte, *pernicies.*
Le jour, *dies.*   L'apparence, *species.*
La lenteur, *segnities.*

   De la foi. Du jour. De la lenteur.
   A la foi. Au jour. A la lenteur.
   De la perte. De l'apparence.
   A la perte. A l'apparence.

N. B. Cette terminaison se trouve dans Ovide, César, Virgile,
T.-Live, etc.

§ 127. —*Quies, quietis* (fém.), repos, suit la 3ᵉ décl.
Requies, etis, suit aussi la 5ᵉ au gén., à l'acc. et à
l'abl. sing. *Requietem* et *requiem*, *requiete* et *requie.*

---

* Le gén. *domi* est usité pour signifier, 1° au logis : *est domi*,
il est au logis ; 2° en paix : *domi militiæque*, dans la paix et dans
la guerre.

** Nous donnons ici des exemples du datif en *u* pour *ui*, 4ᵉ décl.,
et du génitif et datif singulier en *e* pour *ei*, 5ᵉ déclin., afin que les
élèves se familiarisent avec ces formes, non pour les imiter, mais
pour n'être point arrêtés dans l'explication des auteurs, lorsqu'ils
les rencontreront.

On a vu que plusieurs noms sont en même temps de la 1re et de la 5e décl. *Duritia*, *ies*, dureté. *Luxuria*, *ies*, luxe. *Materia*, *es*, matière. *Mollitia*, *es*, mollesse. *Segnitia*, *ies*, paresse, etc.

Au lieu de *plebs*, *bis*, on trouve *plebes*, *ei*, le peuple.

---

§ 128.   NOMS COMPOSÉS.

(Voir la Gramm., § 42 et suivants.)

Noms qui, étant composés de deux nominatifs, se déclinent chacun dans tous les cas :

La république, *respublica* (fém.) *reipublicæ*, de la république, etc.

Le serment, *jusjurandum* (neut.), *jurisjurandi*, du serment, au serment, etc.

Aix (ville), *Aquæ Sextiæ*, *Aquarum Sextiarum*.

Toulon (ville), *Telo Martius*, *Telonis Martii*.

Cologne, *Agrippinensis Colonia*, ou *Agrippina Colonia*, *æ*.

Merida (ville), *Augusta Emerita*, *æ*.

Léon (ville), *Legio septima gemina*, *Legionis*, etc. (Ville fondée dans un lieu occupé par une légion.)

§ 129. —Si le nom est composé d'un nominatif et d'un autre cas, on ne décline que celui qui est au nominatif.

Le père de famille, *paterfamiliâs*; du père de famille, *patrisfamiliâs*; au père de famille, etc.

Le maître d'école, *ludimagister*, *tri*. Le sénatus-consulte (décret du sénat), *senatûsconsultum*, *ti*.

Le plébiscite (ordonnance du peuple), *plebiscitum*, *ti*.

Le conquérant, *gentium domitor*, *is*.

Fréjus (ville), *Forum Julii*, *Fori*, etc.

Soissons (ville), *Augusta Suessionum*, *Augustæ*, etc.

Monaco (ville), *Portus Herculis Monœci*, *Portûs*, etc. (Ville fondée, dit-on, par Hercule.)

§ 130.   NOMS PATRONYMIQUES

(communs à tous les descendants d'une race).

Ils se terminent en *ides* ou *iades*, pour le masculin.
Priam, *Priamus*; fils de Priam, *Priamides*.
Anchise, *Anchises*; fils d'Anchise, *Anchisiades*.
Les noms en *as* se terminent en *ades*. Énée, *Æneas;* descendants ou compagnons d'Énée, *Æneades*, gén. *Æneadum.*—Ces noms suivent en général la première déclinaison.
Les féminins se terminent en *is* ou *as*, ou même en *ne*.
Tantale, *Tantalus;* fille de Tantale, *Tantalis.*
Atlas, *Atlas;* fille d'Atlas, *Atlantis*, *Atlantias.*
Acrisius, *Acrisius;* fille d'Acrisius, *Acrisione.*
Les noms en *is* et en *as* sont de la troisième déclinaison. Les noms en *e* suivent la première.
Les noms de princes, de pays, de villes, de montagnes, de fontaines, forment aussi *des noms patronymiques.*
Dardanus; *Dardanus;* Troyens ou descendants de Dardanus, *Dardanides*. Castalie (fontaine), *Castalia;* de la fontaine Castalie, *Castalis*, etc.
Ces noms sont dérivés du grec, et se trouvent dans les poëtes.

---

§ 131. Principaux noms hétéroclites, c'est-à-dire qui appartiennent par un ou plusieurs cas à deux déclinaisons différentes.

Arpent, *jugerum, i,* plur. *jugera, um.* Vase, *vas, vasis,* plur. *vasa, orum.* Ciel, *cœlum, i;* les cieux, *cœli, orum.* Festin, *epulum, i; epulæ, arum.* Délice, *delicium, ii; deliciæ, arum,* etc.
Voir la Grammaire latine, § 44.

---

§ 132.   ADJECTIFS.

Comme les adjectifs suivent la déclinaison des substantifs, nous avons pensé que les élèves devaient apprendre la déclinaison des adjectifs en s'exerçant à faire accorder l'adjectif avec le substantif.
Règle. L'adjectif s'accorde avec le substantif en *genre*, en *nombre* et en *cas*, c'est-à-dire que si le substantif est *du genre mas-*

culin, du nombre singulier et *au cas nominatif*, l'adjectif se
mettra au *masculin*, au *singulier* et au *nominatif*. Si le substantif est au *génitif féminin pluriel*, l'adjectif se mettra au *génitif
féminin pluriel*, etc., etc. Voir la Gramm., §§ 24 et 247.

§ 133. ADJECTIFS de la 1ʳᵉ et de la 2ᵉ déclinaison.

SINGULIER.

Terminaisons.

	Masc.		*Fém.*	*Neut.*
N.	us,	er.	a.	um.
V.	e,	er.	a.	um.
G.	i.		æ.	i.
D.	o.		æ.	o.
Ac.	um.		am.	um.
Ab.	o.		â.	o.

PLURIEL.

	Masc.	*Fém.*	*Neut.*
N.	i.	æ.	a.
V.	i.	æ.	a.
G.	orum.	arum.	orum.
D.	is.	is.	is.
Ac.	os.	as.	a.
Ab.	is.	is.	is.

§ 134.   EXERCICES.

Les adjectifs peuvent s'accorder avec des substantifs de toutes
les déclinaisons ; cependant, pour faciliter aux élèves l'application
de la règle que nous venons de donner, nous nous bornerons dans
les exercices suivants aux noms de la première et de la seconde
déclinaison.

Masculin.

Le poëte, *poeta, æ,*
Le peuple, *populus, i,*
L'enfant, *puer, eri,*
Le ministre, *minister, tri,*   célèbre, *inclytus.*
L'homme, *vir, i,*
Dinace, *Dinacium, ii,*

Féminin.

La femme, *femina, æ,*
Le laurier, *laurus, i,* } célèbre, *inclyta.*
Glycère, *Glycerium, ii,*

Neutre.

La guerre célèbre, *bellum inclytum.*

VOCATIF.

Poëte, ô poëte
Peuple, ô peuple
Enfant, ô enfant
Ministre, ô ministre
Homme, ô homme
Dinace, ô Dinace } célèbre.
Femme, ô femme
Laurier, ô laurier
Glycère, ô Glycère
Guerre, ô guerre

GÉNITIF.

Masculin.

Du poëte
Du peuple
De l'enfant } célèbre.
De l'homme
Du ministre
De Dinace

Féminin.

De la femme
Du laurier } célèbre.
De Glycère

Neutre.

De la guerre célèbre.

DATIF.

Masculin.

Au poëte
Au peuple
A l'enfant } célèbre.
Au ministre
A l'homme
A Dinace

Féminin.

A la femme
Au laurier } célèbre.
A Glycère

Neutre.

A la guerre célèbre.

ACCUSATIF.	ABLATIF.

Masculin.

(Je vois) (*video*, etc.)

Le poëte
Le peuple
L'enfant
Le ministre } célèbre.
L'homme
Dinace

Masculin.

(Je parle) (*loquor de*, etc.)

Du poëte
Du peuple
De l'enfant
Du ministre } célèbre.
De l'homme
De Dinace

Féminin.

La femme
Le laurier } célèbre.
Glycère

Féminin.

De la femme
Du laurier } célèbre.
De Glycère

Neutre.

La guerre célèbre.

Neutre.

De la guerre célèbre.

§ 135.

PLURIEL.

NOMINATIF.

Masculin.

Les poëtes
Les peuples
Les enfants } célèbres.
Les ministres
Les hommes

Féminin.

Les femmes
Les lauriers } célèbres.

Neutre.

Les guerres célèbres.

VOCATIF.

Masculin.

Poëtes, ô poëtes
Peuples, ô peuples
Enfants, ô enfants } célèbres.
Ministres, ô ministres
Hommes, ô hommes

Féminin.

Femmes, ô femmes
Lauriers, ô lauriers } célèbres.

Neutre.

Guerres, ô guerrés célèbres.

GÉNITIF.	DATIF.

Masculin.

Des poëtes
Des peuples
Des enfants } célèbres.
Des ministres
Des hommes

Aux poëtes
Aux peuples
Aux enfants } célèbres.
Aux ministres
Aux hommes

Féminin.

Des femmes } célèbres.
Des lauriers

Aux femmes. } célèbres.
Aux lauriers.

Neutre.

Des guerres célèbres.

Neutre.

Aux guerres célèbres.

ACCUSATIF.	ABLATIF.

Masculin.

(Je vois) (*video*, etc.)

Les poëtes
Les peuples
Les enfants } célèbres.
Les ministres
Les hommes

Masculin.

(Je parle) (*loquor de*, etc.)

Des poëtes
Des peuples
Des enfants } célèbres.
Des ministres
Des hommes

Féminin.

Les femmes } célèbres.
Les lauriers

Des femmes } célèbres.
Des lauriers

Neutre.

Les guerres célèbres.

Neutre.

Des guerres célèbres.

§ 136.   EXERCICES GÉNÉRAUX.

N. B. Les élèves feront passer ces noms et ces adjectifs par tous les genres et par tous les nombres, suivant le modèle qui leur a été donné ci-dessus.

Masculin.

Le poëte savant, *poeta doctus, a, um.*
Le messager diligent, *tabellarius impiger, gra, grum.*
L'enfant étourdi, *puer inconsultus, a, um.*
Le cocher habile, *auriga peritus, a, um.*
L'homme honnête, *vir probus, a, um.*
Le chevreau folâtre, *caper (pri) petulcus, a, um.*
Dinace malheureux, *Dinacium miser, era, erum.*
Le porc rassasié, *porcus satur, ura, urum.*

Féminin.

La lionne cruelle, *leœna sœvus, a um.*
Le peuplier élevé, *populus altus, a, um.*
La fourmi diligente, *formica impiger, gra, grum.*
L'orme touffu, *ulmus patulus, a, um.*
La terre fertile, *terra frugifer, era, erum.*
Glycère soigneuse, *Glycerium sedulus, a, um.*
La vache rassasiée, *vacca satur, a, um.*

Neutre.

L'appui solide, *fulcrum firmus, a, um.*
La guerre sanglante, *bellum cruentus, a, um.*
La pomme âpre, *malum asper, era, erum.*
L'esclave diligent, *mancipium impiger, igra, um.*

§ 137.   EXERCICES MÊLÉS.

Sur tous les cas, sur tous les genres et sur tous les nombres.

La légèreté (*levitas*) de l'enfant étourdi. Les feuilles (*folium*) des ormes touffus. Je favorise (*faveo*, régit le datif) les hommes honnêtes. Les bonds (*saltus, ûs*) du chevreau folâtre. Les peupliers élevés. La culture (*cultura*) de la terre fertile. Le porcher (*suarius*) ramène (*reducit*, régit l'accus.) les porcs rassasiés. J'admire (*miror*, régit l'accus.) les poëtes savants. Je favorise (*faveo*, régit le datif) Glycère soigneuse. Le lait (*lac*) des vaches rassasiées. Le goût désagréable (*sapor ingratus*) des pommes âpres. Les champs (*ager, agri*) sont cultivés (*coluntur*) par (*à*, régit l'ablat.) les esclaves diligents. O Dinace malheureux ! J'attends (*exspecto*, régit l'accus.) les messagers diligents. L'agneau a été dévoré (*agnus devoratus fuit*) par (*à*, régit l'abl.) la lionne cruelle. J'admire (*miror*, régit l'accus.) les fourmis diligentes. O homme honnête ! Les malheurs (*calamitates*) des guerres sanglantes. O enfant étourdi ! O cocher habile ! Je suis étendu sous (*recubo sub*, régit l'ablat.) le peuplier élevé. O chevreau folâtre ! O Glycère soigneuse ! Je me repose sur (*nitor*, régit l'ablat.) un appui solide.

---

§ 138. *ADJECTIFS de la troisième déclinaison.*

Adjectifs qui n'ont qu'une seule terminaison au singulier pour les trois genres, excepté à l'accusatif.

SINGULIER.

Nomin. ns, ax, ix, ox, es, or, ers, er, eps, us, etc.

> (*Prudens, audax, felix, velox, dives, memor, solers, pauper, anceps, vetus*, etc.)

Voc. Comme le nominatif.

G. is.
D. i.   } *Pour les trois genres.*

Ac. em. (*pour le masc. et le fémin.*) ; ns, ax, ix, etc.

    (comme le nominatif, pour le neutre).

Abl. e, i. (*Pour les trois genres.*)

   m. f. n.   PLURIEL.

N. es, ia.
V. es, ia. } *Quelquefois* a.

G. ium.
D. ibus. } *Pour les trois genres.*

Ac. es, ia, *quelquefois* a.
Ab. ibus. (*Pour les trois genres.*)

§ 139.   EXERCICES.

N. B. Les élèves feront passer ces noms et ces adjectifs par tous
les cas et par tous les nombres.

Masc.

Le matelot, *nauta, æ,*
L'esclave, *servus, i,*
Le soldat, *miles, litis,*
L'accident, *casus, ûs,* } malheureux, *infelix, icis*

Fém.

La femme, *femina, æ,*
La mère, *mater, tris,*
La tribu, *tribus, ûs,*
La chose, *res, rei,* } malheureuse, *infelix, icis.*

Neutre.

La guerre, *bellum, i,* malheureuse,
Le temps, *tempus, temporis,* malheureux, } *infelix, icis.*
L'autel, *altare, is,* malheureüx,

§ 140.

M. Le Scythe audacieux, *Scytha, æ,*
F. L'aigle audacieux, *aquila, æ,* } *audax, acis.*
N. L'entreprise audacieuse, *consilium, ii,*

M. Le cheval fougueux, *equus, i,*
F. La lionne fougueuse, *leæna, æ,* } *ferox, ocis.*
N. Le monstre fougueux, *monstrum, tri,*

M. Le maître adroit, *magister, tri,*
F. La chasseresse adroite, *venatrix, tricis,* } *solers, er-tis.*
N. L'esclave adroit, *mancipium, ii,*

M. Le fleuve rapide, *amnis, is,*
F. L'âge rapide, *ætas, tatis,* } *præceps, cipitis.*
N. Le temps rapide, *tempus, oris,*

M. L'Ibérien impatient, *Iber, eri,*
F. La colère impatiente; *ira, æ,*
N. Le fleuve impatient, *flumen, minis,*
} *impatiens, entis.*

M. Le champ fertile, *ager, gri,*
F. Le pays fertile ; *regio, nis,*
N. Le rivage fertile, *littus, littoris,*
} *uber, is.* (Au pluriel neutre, il fait *ubera.*)

M. La muraille ancienne, *paries, etis,*
F. La plainte ancienne, *querela, æ,*
N. La haine ancienne, *odium, ii.*
} *vetus, teris.* (Plur. neut. *vetera.*)

§ 141. EXERCICES MÊLÉS.

Les fatigues (*labor, is*) du soldat malheureux. La fureur (*furor*) de la lionne fougueuse. Je lutte contre (*obluctor,* régit le datif) le fleuve rapide. J'oublie (*obliviscor,* régit l'accus.) la haine ancienne. La fougue (*ferocia*) de l'Ibérien impatient. Le sanglier a été tué (*aper occisus est*) par (*à,* régit l'abl.) la chasseresse adroite. La brièveté (*brevitas*) du temps rapide. La digue contient (*agger continet,* régit l'accus.) le fleuve impatient. Le vol (*volatus*) de l'aigle audacieux. Le vaisseau aborde (*navis appellit*) au (*ad,* régit l'accus.) rivage fertile. Je parcours (*perlustro,* régit l'accus.) les rivages fertiles. Je me suis opposé (*obstiti,* régit le dat.) aux entreprises audacieuses. Darius fut vaincu (*Darius victus fuit*) par (*à*) les Scythes audacieux. Je contiens l'ardeur (*contineo æstum*) du cheval fougueux. Je prévois (*prævideo,* régit l'accus.) les temps malheureux. Les fatigues (*labor, is*) du matelot malheureux. Je console (*consolor,* régit l'accus.) les esclaves malheureux. Je secours (*opitulor,* régit le datif) les soldats malheureux. Je déplore (*lugeo,* régit l'accus.) l'accident malheureux. O mère malheureuse! O esclave malheureux!

§ 142. ADJECTIFS de la troisième déclinaison, en *is*, pour le masculin et le féminin, en *e* pour le neutre.

	Sing.			Plur.	
	m. f.	*n.*		*m. f.*	*n.*
Nom.	is,	e.	*Nom.*	es,	ia.
Voc.	is,	e.	*Voc.*	es,	ia.
Gen.	is,	} *pour les 3 genres.*	*G.*	ium,	} *pour les 3 gen.*
Dat.	i,		*D.*	ibus,	
Acc.	em,	e.	*Acc.*	es,	ia.
Abl.	i, *pour les 3 genres.*		*Abl.*	ibus, *pour les 3 gen.*	

§ 143.   **EXERCICES.**

NOMS ET ADJECTIFS A DÉCLINER.

Masculin.

Le matelot, *nauta, æ,*
Le cerf, *cervus, i,*
Le chevreau, *caper, pri,*   } agile, *agilis,*
Le lièvre, *lepus, poris,*
Le char, *currus, ûs,*

Féminin.

L'aigle, *aquila, æ,*
L'hirondelle, *hirundo, inis,* } agile, *agilis.*
La main, *manus, ûs,*

Neutre.

Le bras, *brachium, ii,*   } agile, *agile.*
La tête, *caput, pitis,*

§ 144.   NOMS ET ADJECTIFS A DÉCLINER.

Masculin.

Le convive gai, *conviva, æ, hilaris, re.*
Le jardin fertile, *hortus, i, fertilis, ile.*
L'écuyer courageux, *armiger, eri, fortis, te.*
Le livre utile, *liber, bri, utilis, le.*

Le chien fidèle, *canis, is, fidelis, le.*
Le coup pesant, *ictus, ûs, gravis, ve.*

Féminin.

La plume légère, *pluma, æ, levis, leve.*
Le cerisier sauvage, *cerasus, i, sylvestris, tre.*
La racine salutaire, *radix, dicis, salutaris, e.*
Le cyprès funèbre, *cupressus, ûs, feralis, le.*
Le jour éclatant, *dies, ei, illustris, tre.*

Neutre.

La feuille verte, *folium viridis, ride.*
Le temps court, *tempus, temporis, brevis, ve.*
La lumière mobile, *lumen, minis, mobilis, le.*
Le tonnerre terrible, *tonitru terribilis, le.*
Le liége léger, *suber, is, levis, ve.*
Le corps gras, *corpus, oris, pinguis, e.*

§ 145. EXERCICES MÊLÉS.

J'ai greffé (*insevi,* régit l'accus.) les cerisiers sauvages. Le cheval fougueux a été dompté (*domitus
fuit*) par (*à,* régit l'abl.) l'écuyer courageux. Je me
sers (*utor,* régit l'ablat.) des livres utiles. J'aime (*amo,*
régit l'accus.) les convives gais. Les brebis (*ovis, is*)
sont gardées (*custodiuntur*) par (*à*) le chien fidèle.
L'athlète a été renversé par (*athleta prostratus fuit,* régit l'abl.) un coup pesant. (*Un* ne se rend pas.) J'étudie (*studeo,* régit le datif) les livres utiles. Les fruits
(*pomum, mi,* neutre) des jardins fertiles. Le suc (*suc-
cus*) des racines salutaires. Employez bien (*benè col-
loca,* régit l'accus.) le temps court. La splendeur *splendor*) du jour éclatant. J'ai planté (*sevi,* régit l'accus.)
les cyprès funèbres autour du tombeau (*circà tumu-
lum*). Le bruit (*fragor*) du tonnerre terrible. L'arbre
(*arbor*) se couvre (*induitur,* régit l'ablat.) de feuilles

vertes. Je vois (*video*, régit l'accus.) le liége léger flot-
ter (*tournez*, flottant, *fluitans*) à la surface de l'eau
(*in summâ aquâ*). Les plumes légères voltigent (*voli-
tant.*). La pesanteur (*pondus*) des corps gras. O vertus
remarquables! O lumière mobile!

§ 146.   IL Y A DOUZE ADJECTIFS en *er, e.*

	Masc.	Masc. et fém.	Neut.
Nom.	er,	is,	e.
Voc.	er,	is,	e.

Le reste comme les adjectifs en *is.*

Ardent, *acer, cris, cre.*
Actif, *alacer, cris, cre.*
De plaine, *campester, tris, tre.*
Célèbre, *celeber, bris, bre.*
Prompt, *celer, is, e.*
Équestre (de cavalerie), *equester, tris, tre.*
Marécageux, de marais, *paluster, tris, tre.*
De pied, *pedester, tris, tre.*
Salubre (salutaire), *saluber, bris, bre.*
Sauvage, *silvester, tris, tre.*
Terrestre, *terrester, tris, tre.*
Ailé (qui vole), *volucer, cris, cre.*

§ 147.   NOMS ET ADJECTIFS A DÉCLINER.

Masculin.

Le matelot (*nauta, æ*) actif.
Le cheval (*equus, qui*) ardent.
Le général (*dux, ducis*) célèbre.
L'armée (*exercitus, ûs*) de pied.

Féminin.

Le combat (*pugna, æ*) de cavalerie.
Le poirier (*pirus, i*) sauvage.
Le roseau (*arundo, dinis*) du marais.
Le jour (*dies, ei*) qui vole.

Neutre.

Le conseil (*consilium*) salutaire.
L'animal (*animal*, *is*) terrestre.
Le tonnerre (*tonitru*) prompt.
La bataille (*prœlium*, *ii*) de la plaine.
La guerre (*bellum*, *lli*) célèbre.
La fange (*cœnum*, *i*) du marais.
La pomme (*malum*, *i*) sauvage.

SUPPLÉMENT AUX ADJECTIFS.

§ 148.   *Comparatif.*

Le comparatif latin se forme du cas de l'adjectif terminé en *i*, auquel on ajoute *or* pour le masculin et le féminin, et *us* pour le neutre. Ainsi, du génitif *sancti*, on formera *sanctior*, masculin et féminin, *sanctius*, neutre ; du datif *forti* on formera *fortior*, masculin et féminin, *fortius*, neutre. *Sanctior* se décline sur *soror*, et *sanctius* sur *corpus* (troisième déclinaison). Le comparatif adverbe se termine aussi en *iùs* : *sanctiùs*, *fortiùs*, plus saintement, plus fortement.

Le superlatif latin se forme aussi du cas de l'adjectif terminé en *i*, auquel on ajoute *ssimus*, *a*, *um*. Ainsi, du génitif *sancti* on formera *sanctissimus*, *a*, *um* ; du datif *forti*, on formera *fortissimus*, *a*, *um*. Il se décline sur *bonus*, *a*, *um*. Le superlatif adverbe se termine en *ssimè* : *sanctissimè*, *fortissimè*, etc.

Le comparatif et le superlatif s'accordent, comme l'adjectif simple, avec le substantif auquel ils se rapportent.

Exemples :

Dieu saint, *Deus sanctus*, plus saint, *sanctior*, le plus, fort, très-saint, *sanctissimus*.

La Vierge sainte, *Virgo sancta*, plus sainte, *sanctior*, la plus, fort, très-sainte, *sanctissima*.

Le temple saint, *templum sanctum*, plus saint, *sanctius*, le plus, fort, très-saint, *sanctissimum*.

Le travail		*labor brevis*			*brevior* (m).
Le plaisir	court,	*voluptas brevis,*	plus court,		*brevior* (f.).
Le temps		*tempus breve,*			*brevius* (n.).

Le travail			*labor brevissimus.*
Le plaisir	le plus, fort, très-court,		*voluptas brevissima.*
Le temps			*tempus brevissimum.*

VOCATIF.

Dieu, ô Dieu saint, *Deus sancte*, plus saint, *sanctior*, le plus, fort, très-saint, *sanctissime !*

Vierge, ô Vierge sainte, *Virgo sancta*, plus sainte, *sanctior*, la plus, fort, très-sainte, *sanctissima !*

Temple, ô temple saint, *templum sanctum*, plus saint, *sanctius*, le plus, fort, très-saint, *sanctissimum !*

Travail, ô travail court, plus court, le plus, fort, très-court, *labor brevis, brevior, brevissime !*

Plaisir court, etc., *voluptas brevis, brevior, brevissima !*

Temps court, etc., *tempus breve, brevius, brevissimum !*

GÉNITIF.

De Dieu saint, *Dei sancti*, plus saint,
De la Vierge sainte, *Virginis sanctæ*, plus sainte, *sanctioris.*
Du temple saint, *templi sancti*, plus saint,

De Dieu le plus, fort, très-saint, *Dei sanctissimi.*
De la Vierge la plus, forte, très-sainte, *Virginis sanctissimæ.*
Du temple le plus, fort, très-saint, *templi sanctissimi.*

Du travail		*laboris*			
Du plaisir	court,	*voluptatis*	*brevis,* plus court,	*brevioris.*
Du temps		*temporis*			

Du travail			*laboris brevissimi.*
Du plaisir	le plus, fort, très-court,		*voluptatis brevissimæ.*
Du temps			*temporis brevissimi.*

DATIF.

A Dieu saint, *Deo sancto*, plus saint,
A la Vierge sainte, *Virgini sanctæ*, plus sainte, *sanctiori.*
Au temple saint, *templo sancto*, plus saint,

A Dieu le plus, fort, très-saint, *Deo sanctissimo.*
A la Vierge la plus, fort, très-sainte, *Virgini sanctissimæ.*
Au temple le plus, fort, très-saint, *templo sanctissimo.*

Au travail)
Au plaisir } court, { *labori*
Au temps) { *voluptati* } *brevi*, plus court, *breviori.*
{ *tempori*)

Au travail)
Au plaisir } le plus, fort, très-court, { *labori brevissimo.*
Au temps) { *voluptati brevissimæ.*
{ *tempori brevissimo.*

ACCUSATIF.

Le Dieu saint, *Deum sanctum*, plus saint, *sanctiorem*, le plus, fort, très-saint, *sanctissimum.*

La Vierge sainte, plus sainte, la plus, fort, très-sainte, *Virginem sanctam, sanctiorem, sanctissimam.*

Le temple saint, etc., *templum sanctum, sanctius, sanctissimum.*

Le travail)
Le plaisir } court, { *laborem   brevem, breviorem, brevissimum.*
Le temps) { *voluptatem brevem, breviorem, brevissimam.*
{ *tempus   breve, brevius, brevissimum.*

ABLATIF.

De Dieu saint, etc., *Deo sancto, sanctiore, sanctissimo.*

De la Vierge sainte, etc. *Virgine sanctâ, sanctiore, sanctissimâ.*

Du temple saint, etc., *templo sancto, sanctiore, sanctissimo,*

Du travail)
Du plaisir } court, etc., { *labore   ) breviore (brevissimo.*
Du temps) { *voluptate } ou   } brevissimâ.*
{ *tempore   ) breviori (brevissimo.*

PLURIEL NOMINATIF.

Les prêtres saints, plus saints, les plus, fort, très-saints, *sacerdotes sancti, sanctiores, sanctissimi.*

Les vierges saintes, etc., *virgines sanctæ, sanctiores, sanctissimæ.*

Les temples saints, etc., *templa sancta, sanctiora, sanctissima.*

Les travaux courts, etc., *labores breves, breviores, brevissimi.*

Les plaisirs courts, etc., *voluptates breves, breviores, brevissimæ.*

Les temps courts, etc., *tempora brevia, breviora, brevissima.*

Vocatif (comme le Nominatif).

Génitif.

Des prêtres saints, etc., *sacerdotum sanctorum, sanctiorum, sanctissimorum.*

Des vierges saintes, etc., *virginum sanctarum, sanctiorum, sanctissimarum.*

Des temples saints, etc., *templorum sanctorum, sanctiorum, sanctissimorum.*

Des travaux		laborum		brevissimorum.
Des plaisirs	courts,	voluptatum brevium; plus courts,		brevissimarum.
Des temps		temporum breviorum, très-courts,		brevissimorum.

Datif.

Aux prêtres saints, etc., *sacerdotibus*	sanctis, sanctioribus, sanctissimis.
Aux vierges saintes, etc. *virginibus*	
Aux temples saints, etc. *templis*	

Aux travaux		laboribus	brevibus, brevioribus, brevissimis.
Aux plaisirs	courts, etc.,	voluptatibus	
Aux temps		temporibus	

Accusatif.

Les prêtres saints, etc., *sacerdotes sanctos, sanctiores, sanctissimos.*

Les vierges saintes, etc., *virgines sanctas, sanctiores, sanctissimas.*

Les temples saints, etc., *templa sancta, sanctiora, sanctissima.*

Les travaux		labores breves, breviores, brevissimos.
Les plaisirs	courts	voluptates breves, breviores, brevissimas.
Les temps		tempora brevia, breviora, brevissima.

Ablatif.

Des prêtres saints, etc., *sacerdotibus*	sanctis, sanctioribus, sanctissimis.
Des vierges saintes, etc., *virginibus*	
Des temples saints, etc., *templis*	

Des travaux		laboribus	brevibus, brevioribus, brevissimis.
Des plaisirs	courts, etc.	voluptatibus	
Des temps		temporibus	

§ 149. EXERCICES.

Masculins.

Le maître savant, plus savant, le plus savant, fort savant, très-savant, *magister, tri, doctus, a, um.*

Le soldat courageux, plus courageux, le plus courageux, fort courageux, très-courageux, *miles, litis, fortis, te.*

Féminins.

La lionne cruelle, plus cruelle, la plus cruelle, fort cruelle, très-cruelle, *leæna, æ, sævus, a, um.*

L'hirondelle légère, plus légère, la plus légère, fort légère, très-légère, *hirundo, dinis, levis, leve.*

Neutres.

La lumière claire, plus claire, la plus claire, fort claire, très-claire, *lumen, inis, clarus, a, um.*

La guerre atroce, plus atroce, la plus atroce, fort atroce, très-atroce, *bellum, i, atrox, cis.*

VOCATIF.

N'oubliez pas que le vocatif est en *e* dans les substantifs et les adjectifs en *us* de la deuxième déclinaison.

Maître, ô maître savant, plus savant, le plus savant, fort savant, très-savant.

Soldat courageux, plus courageux, le plus, fort, très-courageux.

Lionne cruelle, plus cruelle, la plus, fort, très-cruelle.

Hirondelle légère, etc.

Lumière claire, etc.

Guerre atroce, etc.

GÉNITIF.

Du maître savant, plus savant, le plus, fort, très-savant.

Ire PARTIE. 4

Du soldat courageux, etc.
De la lionne cruelle, etc.
De l'hirondelle légère, etc.
De la lumière claire, etc.
De la guerre atroce, etc.

DATIF.

Au maître savant, etc. — Au soldat courageux, etc.
A la lionne cruelle, etc. — A l'hirondelle légère, etc.
A la lumière claire, etc. — A la guerre atroce, etc.

ACCUSATIF.

Le maître savant, etc. — Le soldat courageux, etc.
La lionne cruelle, etc. — L'hirondelle légère, etc.
La lumière claire, etc. — La guerre atroce, etc.

ABLATIF.

Du maître savant, etc. — Des soldats courageux, etc.
De la lionne cruelle, etc. — De l'hirondelle légère, etc.
De la lumière claire, etc. — De la guerre atroce, etc.

PLURIEL. — NOMINATIF.

Les maîtres savants, plus savants, etc. — Les soldats courageux, etc. — Les lionnes cruelles, etc. — Les hirondelles légères, etc. — Les lumières claires, etc. — Les guerres atroces, etc.

VOCATIF.

Maîtres, ô maîtres savants, etc. (comme le nominatif).

GÉNITIF.

Des maîtres savants, etc. — Des soldats courageux, etc. — Des lionnes cruelles, etc. — Des hirondelles légères, etc. — Des lumières claires, etc. — Des guerres atroces, etc.

DATIF.

Aux maîtres savants, etc. — Aux soldats courageux, etc. — Aux lionnes cruelles, etc. — Aux hirondelles légères, etc. — Aux lumières claires, etc. — Aux guerres atroces, etc.

ACCUSATIF.

Les maîtres savants, etc. — Les soldats courageux, etc. — Les lionnes cruelles, etc. — Les hirondelles légères, etc. — Les lumières claires, etc. — Les guerres atroces, etc.

ABLATIF.

Des maîtres savants, etc. — Des soldats courageux, etc. — Des lionnes cruelles, etc. — Des hirondelles légères, etc. — Des lumières claires, etc. — Des guerres atroces, etc.

§ 150.

LES ADJECTIFS en *er* forment aussi leur comparatif du cas terminé en *i*, mais ils forment leur superlatif du nominatif masculin on ajoutant *rimus* : *pulcher*, beau ; — (gén. *pulchri*) *pulchrior*, *pulchrius*, plus beau ; — *pulcherrimus*, *rima*, *rimum*, le plus beau, etc. *Miser*, malheureux ; — (gén. *miseri*) *miserior*, *miserrimus*, *a*, *um*. *Acer*, *acris*, *acre*, vif ; — (dat. *acri*) *acrior*, *acerrimus*.

EXERCICES.

M. L'enfant paresseux, plus paresseux, le plus, fort, très-paresseux, *puer piger*, *gra*, *grum*, etc.

F. La rose belle, plus belle, la plus, fort, très-belle, *rosa pulcher*, *chra*, *chrum*, etc.

N. L'esclave malheureux, plus malheureux, le plus, fort, très-malheureux, *mancipium*, *miser*, *a*, *um*, etc.

M. Le philosophe libre, plus libre, le plus, fort, très-libre, *philosophus liber*, *era*, *um*, etc.

F. La voix rude, plus rude, la plus, fort, très-rude, *vox, vocis, asper, era, erum,* etc.

M. L'âme, *animus, mi,*
F. La pitié, *pietas, tatis,* } tendre, plus, très-tendre, *tener, a, um.*
N. Le cœur, *cor, cordis,*

M. Lieu sain, plus, très-sain, *locus, ci,*
F. L'air sain, *aura, æ,* } *saluber, bris, bre.* (D. *salubri.*)
N. Le vin sain, *vinum, i,*

M. Le cheval vif, *equus, equi,*
F. Le souci vif, *cura, æ,* } *acer, acris, acre.* (D. *acri.*)
N. La guerre vive, *bellum, i,*

M. L'homme célèbre, *vir, i,*
F. La ville célèbre, *urbs, urbis,* } *celeber, bris, bre.* (D. *bri.*)
N. Le promontoire, *promontorium, ii,*

M. Le matelot prompt, *nauta, æ,*
F. Le discours vif, *oratio, nis,* } *celer, is, e.* (D. *celeri.*)
N. Le dessein prompt, *consilium ii,*

§ 151.   ADJECTIFS EN *lis.*

Quelques adjectifs en *lis* forment leur superlatif en *illimus.*

Facile, *facilis;* plus facile, *facilior, facilius;* le plus, fort, très-facile, *facillimus, ma, mum.*

Difficile, plus difficile, le plus, très-difficile, *difficilis, e.*

Humble, plus humble, le plus, fort, très-humble, *humilis, le.*

Semblable, plus semblable, etc., *similis, le.*

Dissemblable, etc., *dissimilis, e.*

Mince, etc., *gracilis, le.*

Faible, etc., *imbecillis, le.* (On trouve *imbecillissimus.* — Sén.)

EXERCICES.

Le moyen (*ratio*, fém.) le plus facile. — L'homme (*homo*) le plus humble. — Des jambes (*crus, cruris,* neut.) les plus minces. — Aux fils (*filius, ii*) les plus semblables au père (*pater, patris*). — L'animal (*animal,* *is*, neut.) le plus-faible. — J'ai entrepris (*suscepi*, régit l'accus.) une * chose (*res*, *rei*, fém.) très-difficile.

§ 152.   ADJECTIFS EN *dicus*, *ficus*, *volus*.

Ces adjectifs forment leur comparatif en *entior*, leur superlatif en *entissimus* :

Bienfaisant, *beneficus*, *beneficentior*, *ius*, *centissimus*, *a*, *um*.
Merveilleux, *mirificus*, etc.
Bienveillant, *benevolus*, *benevolentior*, etc.
Médisant, *maledicus*, etc.
Malveillant, *malevolus*, etc.

EXERCICES.

Le pauvre (*pauper*, masc.) plus bienfaisant que l'homme riche (*quàm homo dives*). — J'aime (*amo*, régit l'accus.) les hommes les plus bienfaisants. — Je vous raconterai (*vobis narrabo*, régit l'accus.) une chose plus merveilleuse, très-merveilleuse. — La méchanceté (*malignitas*) de l'envieux (*invidus*, *di*) plus médisant, très-médisant, plus malveillant, très-malveillant. — J'ai de l'éloignement pour (*abhorreo à*, régit l'abl.) les hommes plus médisants, les plus médisants, plus malveillants, les plus malveillants.

§ 153.   COMPARATIFS ET SUPERLATIFS DE *bonus*, ETC.

Bon, *bonus*, *melior*, *ius*, *optimus*, *a*, *um*.
Mauvais, *malus*, *pejor*, *pejus*, *pessimus*.
Grand, *magnus*, *major*, *majus*, *maximus*.
Petit, *parvus*, *minor*, *minus*, *minimus*.
Méchant, *nequam* (indéclinable), *nequior*, *nequissimus*.

EXERCICES.

Alexandre (*Alexander*) plus grand que (*quàm*) Philippe (*Philippus*). — Le mensonge est (*mendacium*

---

* Rappelez-vous que *un*, *une*, ne se rendent pas.

est) le pire des vices (*vitium, ii*). — Je suis utile (*prosum*, régit le dat.) aux meilleurs des hommes. — Votre
frère est (*tuus frater est*) plus petit que vous (*quàm
tu*). — Fuyez (*fuge*, régit l'accus.) les hommes plus
méchants, les plus méchants. — La vertu est (*virtus
est*) le bien (*bonum*, neut.) le plus grand.

§ 154.

Quand l'adjectif n'a pas de comparatif, ou qu'on ne veut pas se
servir du comparatif, on met *magis* avec le positif pour exprimer
plus, et si l'adjectif n'a pas de superlatif, on se sert de *maximè*
avec le positif, pour exprimer le superlatif. On peut aussi se servir
de *multùm, valdè, perquàm, apprimè, admodùm, benè, per* ou
præ, magnoperè, vehementer, mais seulement pour rendre le superlatif absolu *très, fort, bien*; car *maximè* seul rend *le plus*. —
Beaucoup d'adjectifs en *ius, uus, eus, idus, ivus, dus*, n'ont ni
comparatif ni superlatif. Ex. :

Plus, le plus célèbre, *magis, maximè inclytus*.
Plus, le plus nuisible, *magis, maximè noxius*.
Plus, le plus nécessaire, *magis, maximè necessarius*.
Très-grand, *valdè magnus*. Cic.
Très-fâcheux, *perquàm molestus*. Plin.
Fort long, passablement long, *benè longus*. Cic.
Très-savant, *apprimè doctus*. Aul. G.
Très-âgé, *admodùm grandis natu*. Cic.
Très-irrité, *periratus*. Cic.
Très-agréable, *magnoperè jucundus*. Cic.

§ 155.

Le comparatif d'infériorité, *moins*, s'exprime par *minùs* : moins
savant, *minùs doctus*. Le superlatif d'infériorité, *le moins, très-
peu*, s'exprime par *minimè* : le moins savant (très-peu) savant,
minimè doctus.

Le comparatif d'égalité, *aussi*, s'exprime par *tàm* : aussi savant, *tàm doctus*.

EXERCICES.

Plus, fort respectable, — *venerandus*. Bien content,
plus content, — *contentus*. Plus pieux, le plus, très-

pieux, — *pius*. Très-nuisible, — *noxius*. Très-louable, — *laudabilis*. Fort désagréable, plus désagréable, — *injucundus*.

Moins, le moins, très-peu courageux, — *fortis*. Moins, le moins, très-peu utile, — *utilis*. Moins, le moins, très-peu certain, — *certus*. Moins, le moins, très-peu avantageux, — *commodus*.

Aussi bon, — *bonus*. Aussi vrai, — *verus*. Aussi audacieux, — *audax*, etc.

Je connais (*novi*, régit l'accus.) un homme (*vir, i*, masc.) plus respectable, fort respectable.—Je favorise (*faveo*, régit le datif) un dessein (*consilium, ii*, neut.) très-louable.—J'admire (*miror*, régit l'accus.) les prêtres (*sacerdos, dotis*, masc.) plus pieux, très-pieux.— La chose (*res*, fémin.) la moins avantageuse.—Le chien (*canis*) presse (*instat*, régit le dat.) le lièvre (*lepus, poris*) moins courageux, très-peu courageux. —Vous employez (*uteris*, régit l'ablat.) un moyen (*ratio, nis*, fém.) moins certain, très-peu certain. — Les richesses (*divitiæ*, fém. pluriel) sont (*sunt*) moins utiles, très-peu utiles aux sots (*stulti, torum*).

Les livres (*liber, bri*, masc.) sont (*sunt*) aussi bons.— J'apporte (*affero*, régit l'accus.) des nouvelles (*nuntius, ii*, masc.) aussi vraies.—Je m'oppose (*obsisto*, régit le dat.) aux entreprises (*consilium, ii*) aussi audacieuses.

§ 156. RÈGLE des comparatifs.—*Doctior Petro* ou *quàm Petrus*.

Le comparatif de supériorité veut à l'ablatif le nom qui le suit, en supprimant le *que :* plus savant que Pierre, *doctior Petro*. On peut aussi exprimer le *que* par *quàm*, et alors le nom qui suit *quàm* se met au même cas que celui qui est devant : Paul plus savant que Pierre, *Paulus doctior quàm Petrus*.

EXERCICES.

La vertu plus précieuse que l'or, *virtus*, f. *pretiosus, a, um, aurum, i*, n.

Le sage plus heureux que le riche, *sapiens, felix, icis, dives, vitis.*

L'oisiveté plus funeste que la guerre, *otium, ii,* n. *funestus, a, um, bellum, i,* n.

La campagne plus agréable que la ville, *rus, ruris,* n. *amœnus, a, um, urbs, urbis,* f.

Le Rhône plus large que la Seine, *Rhodanus, i,* m. *latus, a, um, Sequana, œ,* f.

Le méchant plus hardi que l'homme de bien, *malus, i,* m. *audax, acis, vir, i, probus, i.*

Le calomniateur pire ou plus méchant que la vipère, *caluminiator,* m. *malus a, um, vipera, œ,* f.

La terre plus petite que le soleil, *terra,* f. *parvus, a, um, sol, is,* m.

Une guerre glorieuse meilleure qu'une paix honteuse, *bellum, i,* n. *gloriosus, a, um, bonus, a, um, pax, cis.* f. *turpis, c.*

Socrate plus grand qu'Alexandre, *Socrates, is,* m. *magnus, a, um, Alexander, ri,* m.

Le paon plus beau que l'aigle, *pavo, nis,* m. *pulcher, chra, chrum, aquila, œ,* f.

Le pauvre quelquefois plus bienfaisant que le riche, *pauper, is,* m. *nonnunquàm beneficus, a, um, itis,* m.

L'ami plus bienveillant que le flatteur, *amicus, ci,* m. *benevolus, a, um, adulator, is,* m.

Le flatteur plus médisant que l'ennemi, *adulator, is,* m. *maledicus, a, um, inimicus, ci,* m.

§ 157.   *Magis pius quàm Petrus.*

Si l'adjectif n'a pas de comparatif, on exprime *plus* par *magis*, avec le positif, et le *que* par *quàm*, avec même cas après que devant. Ex. : Plus pieux que Pierre, *magis pius quàm Petrus.*

EXERCICES.

La modestie plus convenable que l'orgueil, *modestia*, f. *idoneus, a, um, superbia, æ.*

Le mérite plus distingué que la noblesse, *virtus*, f. *egregius, a, um, nobilitas, tatis*, f.

Le chemin de la vertu plus escarpé que le chemin du vice, *via, æ*, f. *virtus, tis, arduus, a, um, via, æ, vitium, ii.*

Les plaines de l'Asie plus fertiles que les plaines de l'Afrique, *campus, i*, m. *Asia, æ*, f. *frugifer, a, um, campus, i, Africa, æ*, f.

La vertu plus nécessaire que les richesses, *virtus, tutis*, f. *necessarius, a, um, divitiæ, arum.*

La probité plus louable que la science, *probitas, tatis*, f. *laudandus, a, um, doctrina, æ.*

Les vices plus redoutables que la pauvreté, *vitium, ii*, n. *metuendus, a, um, paupertas, tatis.*

§ 158.

Avec le comparatif d'*infériorité*, exprimé par moins, *minùs*, et avec le comparatif d'*égalité*, exprimé par si, aussi, *tàm*, le *que* s'exprime aussi par *quàm*. Ex. : L'avare moins heureux que le pauvre, *homo avarus minùs felix quàm homo pauper.*

Scipion aussi illustre, non moins illustre qu'Alexandre, *Scipio tàm clarus, non minùs clarus quàm Alexander.*

EXERCICES.

Le roi moins heureux que le berger, *rex... felix, pastor.*

La paresse aussi nuisible que les plus grands fléaux, *pigritia*, f.... *noxius, a, um... magnus, a, um, pestis, is*, f.

Les riches quelquefois moins bienfaisants que les pauvres, *dives, vitis*, m. *nonnunquàm... beneficus, a, um... pauper, is*, m.

4.

L'homme de bien n'est pas aussi hardi, est moins hardi que le méchant, *vir bonus non est... audax.... improbus, i.*

La science aussi utile, plus utile que les richesses, *scientia... utilis... divitiæ, arum.*

La guerre moins funeste que la discorde, *bellum, neut... funestus, a, um... discordia, æ.*

Les hommes vertueux aussi respectables, non moins respectables que les rois, *vir, i, bonus, a, um... venerandus, a, um... rex, regis.*

Les travaux du laboureur non moins utiles, aussi utiles que les travaux du guerrier, *labor, is, m. agricola, æ, m... utilis, is, e... labor, is, bellator, ris.*

§ 159. *Altissima arborum* ou *ex arboribus* ou *inter arbores.*

Le superlatif veut le nom pluriel qui le suit au génitif, ou à l'ablatif avec *ex*, ou à l'accusatif avec *inter*, et il prend le genre de ce nom. Ex. : Le plus haut des arbres, *altissima arborum* ou *ex arboribus* ou *inter arbores. Altissima* est du féminin, parce que son régime *arborum* est du féminin.

La paresse est le plus funeste des vices, *pigritia est funestissimum vitiorum.* (C'est comme s'il y avait : *pigritia est* vitium funestissimum *vitiorum.*)

EXERCICES.

Le plus illustre des généraux, *clarus, a, um, dux, cis, m.*

Le plus nuisible des fléaux, *maximè noxius, a, um, pestis, is, f.*

Le plus auguste des temples, *augustus, a, um, templum, i, n.*

Le plus heureux des hommes, *felix, icis, homo, minis, m.*

Le plus beau des oiseaux, *pulcher, chra, um, avis, vis, f.*

Le tigre est le plus féroce des animaux, *tigris, is, f. est maximè ferus, a, um, animal, is, n.*

La paresse est le plus honteux des vices, *pigritia*, f. *est turpis*, *e*, *vitium*, *ii*, n.

Dieu est le meilleur des pères, *Deus*, m. *est bonus*, *a*, *um*, *pater*, *tris*, m.

Le flatteur est le pire de nos ennemis, *adulator*, m. *est malus*, *a*, *um*, *inimicus*, *ci*, m.

Les Romains étaient la plus grande des nations, *Romanus*, *i*, m. *erant magnus*, *a*, *um*, *gens*, *tis*, f.

---

§ 160.   *Diminutifs.*

On appelle diminutifs les noms qui diminuent la signification. Ce sont aussi des expressions de caresse ou de mépris.

Le diminutif des noms et des adjectifs en *us*, *a*, *um*, se fait en *ulus*, *ula*, *ulum*; et si la terminaison est en *eus*, *ea*, *eum*; *ius*, *ia*, *um*, il se fait en *olus*, *ola*, *olum*.

Exemples :

1° Rameau, *ramus*; petit rameau, *ramulus*.
Fente, *rima*; petite fente, *rimula*.
Rocher, *saxum*; petit rocher, *saxulum*.
Pâle, *pallidus*, *a*, *um*; un peu pâle, *pallidulus*, *a*, *um*.

2° Soulier, *calceus*; petit soulier, *calceolus*.
Bête, *bestia*; petite bête, *bestiola*.
Affaire, *negotium*; petite affaire, *negotiolum*.
D'or, *aureus*, *a*, *um*; d'or, de couleur d'or, précieux, *aureolus*, *a*, *um*.

On remarquera que les diminutifs se terminent, pour le *masculin*, en *us*; pour le *féminin*, en *a*; pour le *neutre*, en *um*.

§ 161.   EXERCICES.

1° Esclave, *servus*; petit esclave, méchant esclave...
Maison de campagne, *villa*; petite maison de campagne...
Grain, *granum*; petit grain...
Petit, *parvus*, *a*, *um*; tout petit, très-petit...
Languissant, *languidus*; un peu languissant...
Coffre, *arca*; petit coffre...
2° Fils, *filius*; petit fils, enfant chéri...

Tullie, *Tullia;* ma chère Tullie...
Gloire, *gloria;* petite gloire...
Domaine, *prædium;* petit domaine...
De cire, *cereus, ea, um;* de cire, mou comme la cire...

§ 162. Les noms et les adjectifs en *er, ra, rum, nus, na, num,
mus, ma, mum,* terminent leur diminutif en *llus, lla, llum.*

Beau, *pulcker, pulchra, pulchrum;* assez beau, joli, *pulchel-
lus, ella, ellum.* — Livre, *liber;* petit livre, *libellus.* — Ane, *asi-
nus;* petit âne, *asellus.* — Souffle, *flabrum;* souffle léger (éven-
tail), *flabellum.*
M. Champ, *age-r;* petit champ, *age...*
M. Enfant, *pue-r;* petit enfant, *pue...* (On dit aussi *puerulus.*)
       Jeune fille, *pue...* (On ne dit pas *puerula.*)
M. Couteau, *culte-r;* petit couteau, *culte.*
F. Couronne, *coro-na;* petite couronne...
N. Grain, *granum;* petit grain, *granu...*
N. Solive, *tignum;* soliveau, *tigi...*
N. Cerveau, *cereb-rum;* petit cerveau, *cerebe..*
       Malheureux, *mise-r;* pauvre, digne de compassion, *mise...*

§ 163. Les noms en *o* terminent leur diminutif en *unculus, cula.*

M. L'homme, *homo;* petit homme, *homunculus* (ou *homuncio*).
F. Chair, *caro;* mauvaise chair, *car-uncula.*
F. Narration, *narratio;* petite narration, historiette, *narrati...*
M. Charbon, *carbo;* petit charbon, *carb...*
F. Discours, *oratio;* petit discours, *orati...*

§ 164. La terminaison *er, or, as, os, us* (3ᵉ déclinaison), ajoute
       culus a, um. (*Vetus,* vieux, fait *vetulus, a, um.*)

M. Frère, *frater;* petit frère, *frater-culus.*
F. Femme, *mulier;* petite femme, faible femme, *mulier...*
M. Moineau, *passer;* petit moineau, *passer...*
F. Sœur, *soror;* petite sœur, *soror...*
M. Fleur, *flos;* petite fleur, *flos..*
N. Vase, *vas;* petit vase, *vas...*
M. Lièvre, *lepus;* petit lièvre, *lepus...*
N. Cœur, *cor;* petit cœur, *cor..,*
N. Présent, *munus;* petit présent, *munus...*
N. Corps, *corpus;* faible corps, petit corps, *corpus..*
       Plus grand, *major, majus* (neut.); un peu plus grand... *us,
a, um.*
       Plus petit, *minor, minus* (neut.); un peu plus petit,.. *us, a, um.*

§ 165.   Dans *ax*, *ix*, *ox*, *es*, *is*, on ôte *x*, *s*.

Audacieux, *audax;* assez audacieux, *auda-culus.*
Racine, *radix* (fém.); petite racine, *radi...*
Voix, *vox* (fém.); petite voix, *vo...*
Vaisseau, *navis* (fém.); petite barque, *navi...,*
Poisson, *piscis* (masc.); petit poisson, *pisci...*
Nuage, *nubes* (fém.); petit nuage, *nube...*
Léger, *levis;* un peu léger (un peu vain), *levi..*

§ 166. Les noms terminés en *ex, icis*, font *iculus* (masc.), *icula* (fém.). Ex. : Ciseaux, *forfex, forficis* (fém.); petits ciseaux, *forficulæ* (plur. fém.) *ix* fém. fait *icula.*

Houppe, *apex, apicis* (masc.); petite houppe', *api...*
Écorce, *cortex* (masc. fém.); mince écorce, *corti... a.*
Corneille, *cornix*, f. *corni...*
La terminaison *ex, egis;* fait *gulus, a.*
M. Roi, *rex, regis;* petit roi, *re...*

§ 167. Les noms de la quatrième déclinaison sont terminés en *iculus, icula, iculum.*

Vers, *versus;* petit vers, *versiculus.*
Corne, *cornu;* petite corne, *corn... um.*
Broche, *veru;* petite broche, fait *veruculum*, etc.

---

§ 168.   NOMS DE NOMBRE.

Il y a deux sortes de noms de nombre : le *nombre cardinal* marque simplement le nombre, comme *unus, duo, tres*, un, deux, trois; le *nombre ordinal* marque l'ordre et le rang de chaque chose, comme *primus, a, um, secundus, a, um, tertius, a, um*, le premier, le second, le troisième.
Les trois premiers noms de nombre cardinaux sont déclinables.

DÉCLINAISONS DE *unus*, UN.

N.	un,	*un us, a, um.*
G.		*un ius,* p. les 3 genres.
D.		*un i,* p. les 3 genres.
Acc.		*un um, am, um.*
Abl.		*un o, â, o.*

Déclinez de même :

Ullus, *a*, *um*, quelque, aucun, aucune (sans négation).
Nullus, *a*, *um*, aucun, nul, pas un.
Solus, *a*, *um*, seul, seule.
Totus, *a*, *um*, tout, tout entier, toute.
Alius, *a*, *ud*, autre (en parlant de plusieurs).
Alter, *a*, *um*, autre (en parlant de deux).
Uter, *tra*, *trum*, lequel des deux.
Neuter, *tra*, *trum*, ni l'un ni l'autre.
Uterque, *utraque*, *utrumque*, l'un et l'autre.
Alteruter, *tra*, *trum*, l'un ou l'autre.

§ 169.   EXERCICES.

GÉNITIF.

De quelque pensée (*cogitatio*, *nis*, f.).
D'aucun, de nul homme (*homo*, *inis*, m.).
De la vertu seule (*virtus*, *tutis*, f.).
Du monde tout entier (*mundus*, *di*, m.).
D'un autre (*alius*) livre (*liber*, *libri*, m.).
De l'autre (*alter*) enfant (*puer*, *eri*, m.).
De laquelle des deux tables (*mensa*, *æ*, f.).
Ni de l'un ni de l'autre exemple (*exemplum*, *i*, n.).
De l'un et de l'autre poëte (*poeta*, *æ*, m.).
De l'une ou de l'autre armée (*exercitus*, *ûs*, m.).

§ 170.   DATIF.

A quelque pensée.
A aucun, à nul homme.
A la vertu seule.
Au monde entier.
A un autre livre.
A l'autre enfant.
A laquelle des deux tables.
Ni à l'un ni à l'autre exemple.
A l'un et à l'autre poëte.
A l'une ou à l'autre armée.

Les autres cas n'offrent pas de difficultés ; il faut seulement se rappeler que *alius* fait *aliud* au neutre.

Le *pluriel* de ces noms existe, il est régulier.

Les Séquanais seuls, *uni Sequani.*

Un camp, *una castra (orum).*

Une lettre, *unœ litterœ.*

Les autres registres, *alterœ tabulœ.*

Les deux oreilles, *aures utrœque.*

Ni les uns ni les autres, *neutri*, etc., etc.

§ 171. — Deux, *duo, duœ, duo.* Trois, *tres, tres, tria.*

De deux, *duorum, arum; orum.* De trois, *trium.*

A deux, *duobus, abus; obus.* A trois, *tribus.*

Deux, *duos* ou *duo, duas, duo.* Trois, *tres, tres, tria.*

De deux, *duobus, abus, obus.* De trois, *tribus.*

Ambo, ambœ, ambo, les deux, tous deux, se décline sur *duo.* Il signifie deux ensemble. *Duo* signifie deux séparément.

§ 172. — La mort de deux hommes, de deux femmes, de deux esclaves, *mors... homo, minis,... femina, œ,... mancipium, ii* (neut.). Je suis favorable à deux hommes, à deux femmes, à deux esclaves, *faveo...* etc. J'ai vu trois hommes, trois femmes, trois esclaves, *vidi...* etc. Les deux hommes, les deux femmes, les deux esclaves, *ambo...* etc. La mort des deux hommes, des deux femmes, des deux esclaves, *mors...* etc. Avec les deux hommes, les deux femmes, les deux esclaves, *cum* (régit l'ablat.)... J'ai vu les deux hommes, les deux femmes, les deux esclaves, *vidi* (régit l'accus.), etc.. J'ai affranchi trois esclaves, *manumisi* (régit l'accus.)... J'ai écrit trois lettres, *scripsi* (régit l'accus.)... *epistola, œ* (fém.). Avec trois hommes....

A partir de quatre, *quatuor,* jusqu'à cent, *centum,* les autres noms de nombre *cardinaux* sont indéclinables.

Les noms de nombre *numéraux* se déclinent sur *bonus, a, um,* comme premier, *primus, a; um,* etc. (Voir la syntaxe.)

---

§ 173.   PRONOMS.

EXERCICES.

Première personne.

Sing. nom. *Ego.* G. *mei.* D. *mihi.* Acc. *me.* Abl. *me.* Pl. nomin. *Nos.* G. *nostrum* ou *nostri.* D. *nobis.* Acc. *nos.* Abl. *nobis.*

N.	Je *ou* moi.	Nous.
G.	De moi.	De nous.
D.	Me, à moi.	Nous, à nous.
Ac.	Me, moi.	Nous.
Ab.	De *ou* par moi.	De *ou* par nous.

EXERCICES MÊLÉS.

Me, à moi. Nous. De moi. De *ou* par moi. Nous, à nous.
Je *ou* moi. De nous. Me, moi. De *ou* par nous.

Je loue... *laudo.* Nous louons... *laudamus.* Ayez pitié, *miserere* (régit le génitif), de moi... ; de nous... Il me (*pour à* moi) nuit... *nocet* (régit le datif). Semblable à moi, *similis...* Il nous (*pour à* nous), nuit... *nocet.* Semblable à nous .. Il me loue, *laudat* (régit l'accus.)... Il nous loue... Avant moi, *ante* (régit l'acc.)...Avant nous... Sans moi, *sine* (régit l'abl.)... Sans nous...

§ 174.   *Deuxième personne.*

. *Tu.* G. *tuî.* D. *tibi.* Ac. *te.* Ab. *te.*
Vos. G. *vestrûm* ou *vestrî.* D. *vobis.* Ac. *vos.* Ab. *vobis.*

N.	Tu *ou* toi.	Vous.
Voc.	Toi, ô toi.	Vous, ô vous.
G.	De toi.	De vous.
Dat.	Te, à toi.	A vous.
Ac.	Te, toi.	Vous.
Ab.	De *ou* par toi.	De *ou* par vous.

EXERCICES MÊLÉS.

De toi. Te, toi. Vous, ô vous. A vous. De *ou* par toi. Tu *ou* toi. Vous. De *ou* par vous. Te, à toi. Toi, ô toi.

Tu loues... *laudas.* Vous louez... *laudatis.* J'ai pitié de toi, *misereor.* . J'ai pitié de vous... Il te (*pour à* toi) nuit... Semblable à toi... Il vous (*pour à* vous) nuit... Semblable à vous... Il te loue... Il vous loue... Avant toi... Avant nous... Sans toi... Sans vous...

§ 175. *Troisième personne.—(Pronom réfléchi : il n'a pas de nominatif.) Le pluriel est le même que le singulier.*

G. *suî.* D. *sibi.* Ac. *se.* Ab. *se.*
G. De soi, de lui-même, d'elle-même, d'eux-mêmes, d'elles-mêmes.

D. A soi, à lui-même, à elle-même, à eux-mêmes, à elles-mêmes.

Ac. Se, soi, lui-même, elle-même, eux-mêmes, elles-mêmes.

Ab. De *ou* par soi, de *ou* par lui-même, d'elle-même, de *ou* par eux-mêmes, d'elles-mêmes.

EXERCICES MÊLÉS.

De lui-même. A eux-mêmes. De *ou* par lui-même. D'elles-mêmes. De *ou* par eux-mêmes. A soi. Eux-mêmes. Se, soi. A elle-même. Lui-même. A elles-mêmes.

Il n'est pas maître de lui-même, *non est compos* (régit le gén.)... Ils ne sont pas maîtres d'eux-mêmes, *non sunt compotes*... Chacun se fie à soi, *quisque fidit* (régit le dat.)... Il se fie à lui-même, *ille fidit*... Elle se fit à elle-même, *illa*... Ils se fient à eux-mêmes, *illi fidunt*... Elles se fient à elles-mêmes, *illæ*... (Dans ces phrases, *se* ne se rend pas : il faut traduire comme s'il y avait chacun fie à soi, etc.) Il se loue (*tournez*, il loue soi), *ille laudat* (régit l'accus.)... Il (*se*) loue lui-même... Elle se loue (elle loue soi), *illa laudat*... Elle (*se*) loue elle-même... Ils se louent (ils louent soi), *illi laudant*... Ils se louent eux-mêmes... Elles se louent, *illæ laudant*... Elles (*se*) louent elles-mêmes. Chacun s'occupe de soi, *quisque cogitat de* (régit l'abl.)... Il s'occupe de lui-même, *ille cogitat de*... Elle s'occupe d'elle-même, *illa*... Ils s'occupent d'eux-mêmes, *illi cogitant de*... Elles s'occupent d'elles-mêmes, *illæ*...

PRONOMS DE LA TROISIÈME PERSONNE.

(Grammaire, § 66.)

§ 176. *Is, ea, id.* G. *ejus.* D. *ei.* Ac. *eum, eam, id.* Abl. *eo, eâ, eo.* — Plur. *ii* ou *ei/eæ, eâ.* G. *eorum, earum, eorum.* D. *iis* ou *eis.* Ac. *eos, eas, ea.* Ab. *iis* ou *eis.*

	Sing.	*Plur.*
N.	Il, elle, ce, cet.	Ils, eux, elles.
G.	De lui, d'elle.	D'eux, d'elles.
D.	A lui, à elle.	A eux, à elles.
Ac.	Le, la, le.	Les, eux, elles.
Ab.	De *ou* par lui, d'elle *ou* par elle.	D'eux *ou* par eux, d'elles *ou* par elles.

EXERCICES MÊLÉS.

Le, la, le. De lui. A elle. D'eux. Elle. Il. A eux. De lui. Dé *ou*
par elle. D'eux *ou* par eux. A elles. D'elles *ou* par elles.

Ayez pitié de lui, d'elle, d'eux, d'elles, *miserere* (régit le gén.)...
Semblable à lui, à elle, à eux, à elles, *similis*... Aimez-le, aimez-
la (*neutre*), aimez-les (pour les trois genres), *ama* (régit l'accus.)...
Je parle de lui, d'elle, d'eux, d'elles, *loquor de* (régit l'ablat.)...

Remarque. Le pronom français *en* s'emploie pour les trois genres
et pour les deux nombres ; ainsi *j'en parle* peut signifier *je parle
de lui, d'elle, d'eux, d'elles*, suivant que l'on parle d'un ou de
plusieurs objets du masculin ou du féminin.

§ 177. *Hic, hæc, hoc.* G. *hujus.* D. *huic.* Ac. *hunc, hanc, hoc.*
Ab. *hoc, hâc, hoc.*—Plur. *hi, hæ ; hæc.* G. *horum, harum,
horum.* Ac. *hos, has ; hæc.* Ab. *his.*

N. Celui-ci, celle-ci, cela.   Ceux-ci, celles-ci, ces choses.
G. De celui-ci, de celle-ci, de De ceux-ci, de celles-ci, de ces
  cela.   choses.
D. A celui-ci, à celle-ci, à cela. A ceux-ci, à celles-ci, à ces
                                    choses.
Ac. Celui-ci, celle-ci, cela.   Ceux-ci, celles-ci, ces choses.

EXERCICES MÊLÉS.

De celui-ci. A celles-ci. Cela. Celui-ci. Celles-ci. De ces choses.
De cela. Ceux-ci. A celui-ci. De celles-ci. De ceux-ci.

§ 178. *Ille, illa, illud.* G. *illius.* Ac. *illum, illam, illud.* Ab.
illo, illa, illo.—Plur. *Illi, illæ, illa.* G. *illorum, illarum,
illorum.* D. *illis.* Ac. *illos, illas, illa.* Ab. *illis.*

N. Celui-là, celle-là, cela ; il, Ceux-là, celles-là, ces choses ; ils,
  elle.   elles.
G. De celui-là, de celle-là, de De ceux-là, de celles-là, de ces
  cela ; de lui, d'elle.   choses ; d'eux, d'elles.
D. A celui-là, à celle-là, à ce- A ceux-là, à celles-là, à ces cho-
  la ; à lui, à elle.   ses ; à eux, à elles.
Ac. Celui-là, celle-là, cela ; le, Ceux-là, celles-là, ces choses, ils ;
  lui, elle, la.   elles, les.
Ab. De *ou* par celui-là, celle-là, De *ou* par ceux-là, celles-là, ces
  cela ; de *ou* par lui, par elle. choses ; d'eux *ou* par eux, d'elles
                                    ou par elles.

Ille, illa, illud, servent à traduire le pronom de la troisième personne, *il*, *elle*, quand on veut exprimer ce pronom en latin. Ex. : Il dit oui, elle dit non, *ille ait, illa negat;* ils disent oui, elles disent non, *illi aiunt, illæ negant.*

Sur *ille*, *illa*, *illud*, déclinez *iste*, *ista*, *istud*, celui-ci, celle-ci, ceci; ce, cet, cette; celui-là, celle-là; cela, etc.

EXERCICES MÊLÉS.

À celui-là, à lui. De ceux-là, d'eux. A ces choses. De *ou* par celles-là, d'elles *ou* par elles. A celles-là, à elles. De *ou* par ceux-là, d'eux *ou* par eux. Celles-là, elles. Ceux-là; eux. Ces choses. De *ou* par celui-là, de *ou* par lui. De *ou* par ces choses.

§ 179. *Ipse, ipsa, ipsum.* G. *ipsius.* D. *ipsi.* Ac. *ipsum; am, um.* Ab. *ipso, â; o.* — Plur, *Ipsi, ipsæ, ipsa.* G. *ipsorum, ipsarum, orum.* D. *ipsis.* Ac. *ipsos; as; a.* Ab. *ipsis.*

Singulier.

N. Moi-même, toi-même *ou* lui-même[*], elle-même, cela même.

G. De moi-même, de toi-même, de lui-même, d'elle-même, de cela même.

D. A moi-même, à toi-même; à lui-même, à elle-même, à cela même.

Ac. Moi-même, toi-même, lui-même, elle-même, cela même.

Ab. De *ou* par moi-même, toi-même, lui-même, elle-même, cela même.

Pluriel.

N. Nous-mêmes, vous-mêmes, eux-mêmes, elles-mêmes, ces choses mêmes.

G. De nous-mêmes, de vous-mêmes, d'eux-mêmes, d'elles-mêmes, de ces choses mêmes.

D. A nous-mêmes, de vous-mêmes, à eux-mêmes, à elles-mêmes, à ces choses mêmes.

Ac. Nous-mêmes, vous-mêmes, eux-mêmes, elles-mêmes, ces choses mêmes.

Ab. De *ou* par nous-mêmes, vous-mêmes, eux-mêmes, elles-mêmes, ces choses mêmes.

EXERCICES MÊLÉS.

A vous-mêmes, à eux-mêmes. Moi-même, lui-même. De toi-

---

[*] Ajoutez *ego, tu, nos, vos* à *ipse* et déclinez-le ainsi : *ego ipse, mei ipsius,* etc. *Nos ipsi, nostri ipsorum,* etc. *Tu ipse, tui ipsius,* etc.

même, d'elle-même. De *ou* par cela même. Nous-mêmes. Ces choses mêmes. De lui-même. A elle-même. De *ou* par eux-mêmes. Elles-mêmes. De nous-mêmes. D'eux-mêmes.

§ 180. *Idem, eadem, idem.* G. *ejusdem.* D. *eidem.* Ac. *eumdem, eamdem, idem.* Ab. *eodem, eâdem, eodem.*—Plur. *Eidem* ou *iidem.* G. *eorumdem, earumdem, eorumdem,* D. *eisdem* ou *iisdem.* Ac. *eosdem, easdem, eadem.* Ab. *eisdem* ou *iisdem.*

Sing.   Plur.

(Masc. et fém.)

N. Le même, la même, le même, la même Les mêmes, les mêmes
chose.   choses.

G. Du même, de la même, du même. Des mêmes.

D. Au même, à la même, au même.   Aux mêmes.

Ac. Le même, la même, le même.   Les mêmes.

Ab. Du même *ou* par le même, de *ou* par Des mêmes *ou* par les
la même, du même *ou* par le même.   mêmes.

EXERCICES MÊLÉS.

La même. Aux mêmes. Des mêmes. Au même, à la même. La même (chose). Des mêmes *ou* par les mêmes. Du même, de la même. Les mêmes. Du même *ou* par le même, de la même *ou* par la même.

§ 181.   EXERCICES GÉNÉRAUX.

Sur *hic, hæc, hoc; ille, illa; illud; ipse, ipsa, ipsum; idem, eadem, idem.*

J'ai pitié, misereor (régit le génit.), de celui-ci, de celle-ci; —de celui-là, de celle-là; —de moi-même, de toi-même, de lui-même, d'elle-même; —du même, de la même, du même.

Semblable, similis, à celui-ci, à celle-ci, à cela; —à celui-là, à celle-là, à cela; —à moi-même, à toi-même, à lui-même, à elle-même; —au même, à la même, au même.

A cause de ou *pour, propter* (régit l'accus.), celui-ci, celle-ci, ceci; —celui-là, celle-là, cela; —moi-même, toi-même, lui-même, elle-même; —le même, la même, le même, la même chose.

Sans, sinè (régit l'ablat.), celui-ci, celle-ci, ceci; —celui-là, celle-là, cela; —moi-même, toi-même, lui-même, elle-même; —le même, la même, le même.

Pluriel.

Ceux-ci, celles-ci ces choses-ci ;—ceux-là, celles-là, ces choses-là ;—nous-mêmes, vous-mêmes, eux-mêmes, elles-mêmes, ces choses mêmes ;—les mêmes (masc. et fém.), les mêmes choses.

J'ai pitié de ceux-ci, de celles-ci, de ces choses-ci ;—de ceux-là, de celles-là, de ces choses-là ;—de nous-mêmes, de vous-mêmes, d'eux-mêmes, d'elles-mêmes, de ces choses mêmes ;—des mêmes, des mêmes choses.

Semblables à ceux-ci, à celles-ci, à ces choses-ci ;—à ceux-là, à celles-là, à ces choses-là ;—à nous-mêmes, à vous-mêmes, à eux-mêmes, à elles-mêmes, à ces choses mêmes ;—aux mêmes (pour les trois genres).

A cause de ou *pour*, *propter*, ceux-ci, celles-ci, ces choses-ci ;—ceux-là, celles-là, ces choses-là ;—nous-mêmes, vous-mêmes, eux-mêmes, elles-mêmes, les choses mêmes ;—les mêmes (masc. et fém.), les mêmes choses.

Sans, *sinè* (régit l'ablat.), ceux-ci, celles-ci, ces choses-ci ;—ceux-là, celles-là, ces choses-là ;—nous-mêmes, vous-mêmes, eux-mêmes, elles-mêmes, les choses mêmes ;—les mêmes (pour les trois genres).

N. B. Ces pronoms adjectifs s'accordent avec les substantifs en genre, en nombre et en cas, comme les autres adjectifs.

Cet homme-ci, *hic homo;* cette femme-ci, *hæc femina;* cet esclave-ci, *hoc mancipium;* de cet homme-ci, de cette femme-ci, de cet esclave-ci, *hujus hominis*, *feminæ*, *mancipii*, etc.

De même pour les autres pronoms : *ille homo*, *illa femina*, *illud mancipium; ipse homo, ipsa femina, ipsum mancipium; idem homo, eadem femina, idem mancipium.*

Déclinez tous ces pronoms avec *homo*, *femina* et *mancipium.*

§ 182.   ADJECTIFS PRONOMINAUX POSSESSIFS. — Gram., § 71.

Singulier.

Meus, *mea*, *meum*, sur *bonus*, *a*, *um*. (Le vocatif fait *mi*, *mea*, *meum*.)

N.   Mon frère, ... *frater;* ma mère, ... *mater;* mon bras, ... *brachium.* Le mien, la mienne, le mien.

V.   O mon frère! ô ma mère! ô mon bras! *Mi*, etc.

G.   De mon frère, de ma mère, de mon bras. Du mien, de la mienne, du mien.

D. A mon frère, à ma mère, à mon bras. Au mien, à la mienne, au mien.

Ac. Mon frère, ma mère, mon bras. Le mien, la mienne, le mien.

Ab. De *ou* par mon frère, de *ou* par ma mère, de *ou* par mon bras. Du mien, de la mienne, du mien.

Pluriel.

Mei, meæ, mea.

N. Mes frères, mes sœurs, mes bras. Les miens, les miennes, les miens.

V. O mes frères ! ô mes sœurs ! ô mes bras !

G. De mes frères, de mes sœurs, de mes bras. Des miens, des miennes, des miens.

D. A mes frères, à mes sœurs, à mes bras. Aux miens, aux miennes, aux miens.

Ac. Mes frères, mes sœurs, mes bras. Les miens, les miennes, les miens.

Ab. De mes frères, de mes sœurs, de mes bras. Des miens, des miennes, des miens.

Déclinez de même : ton, ta, ton, le tien, la tienne, le tien, *tuus, tua, tuum.*—Son, sa, son, le sien, la sienne, le sien, *suus, sua, suum.*—A qui, *cujus, a, um* (peu usité). Ces adjectifs n'ont point de *vocatif*.

§ 183. Singulier.

Vester, vestra, vestrum (sur *pulcher, chra, chrum*). (*Vester* n'est pas usité au vocatif, parce qu'il ne peut pas s'employer à ce cas.)

N. Votre, *vester*, livre (*liber, libri*); votre, *vestra*, vertu (*virtus, tutis*); votre, *vestrum*, gage (*pignus, pignoris*). Le vôtre, la vôtre, le vôtre.

G. De votre livre, de votre vertu, de votre gage. Du vôtre, de la vôtre, du vôtre.

D. A votre livre, à votre vertu, à votre gage. Au vôtre, à la vôtre, ou vôtre.

Ac. Votre livre, votre vertu, votre gage. Le vôtre, etc.

Ab. De *ou* par votre livre, de votre vertu, de votre gage. Du vôtre, etc.

Pluriel.

N. Vos livres, vos vertus, vos gages. Les vôtres, etc.

G. De vos livres, de vos vertus, de vos gages. Des vôtres, etc.

D. A vos livres, à vos vertus, à vos gages, etc.
Ac. Vos livres, vos vertus, vos gages, etc.
Ab. De vos livres, de vos vertus, de vos gages, etc.

Déclinez de même : notre, *noster, nostra, nostrum.*

§ 184.   ADJECTIF CONJONCTIF.

Qui, quæ, quod. G. *cujus.* D. *cui.* Ac. *quem, quam, quod.*
Ab. *quo, quâ, quo.*

Qui, quæ, quæ. G. *quorum, quarum, quorum.* D. *quibus*
(*queis*, peu usité). Ac. *quos, quas, quæ.* Ab. *quibus* (*queis*, peu
usité).

Singulier.

N. Qui, lequel, laquelle, lequel.
G. De qui, duquel, de laquelle, duquel.
D. A qui, auquel, à laquelle, auquel.
Ac. Qui, lequel, laquelle, lequel.
Ab. De *ou* par qui, duquel, de laquelle, duquel.

Pluriel.

N. Qui, lesquels, lesquelles, lesquels.
G. De qui, desquels, desquelles, desquels.
D. A qui, auxquels, auxquelles, auxquels.
Ac. Qui, lesquels, lesquelles, lesquels.
Ab. De *ou* par qui, desquels, desquelles, desquels.

On fait accorder en latin *qui, quæ, quod*, en genre et en nombre,
mais non en cas, avec son antécédent; ainsi, dans les phrases
suivantes, *qui* se mettra toujours au nominatif. Ex. : Du père
qui, *patris qui.* De la mère qui, *matris quæ.* Du temple qui, *templi quod.*

Le père qui. La mère qui. Le temple qui. Les pères qui. Les
mères qui. Les temples qui. Du *ou* par le père qui. De *ou* par la
mère qui. Du *ou* par le temple qui.

Des pères qui. Des mères qui. Des temples qui. Au père qui.
A la mère qui. A la rose qui. Je vois les enfants qui..., *video* (régit
l'ac.) *puer, i*, masc... Je vois les roses qui... Je suis loué par les
hommes qui..., *laudor ab* (régit l'abl.) *homo, minis...*; par les
femmes, *mulier, is* (fém.), qui...; par les esclaves, *mancipium,
ii* (neut.), qui...; par l'homme qui..., la femme qui..., l'esclave
qui... La voix, *vox*, de l'homme qui..., de la femme qui..., de

l'esclave qui..., des hommes qui..., des femmes qui..., des esclaves qui..

§ 185. — Composés de *qui*. — EXERCICES.

Ajoutez *cumque* à *qui*, *quæ*, *cujus*, etc.

De quiconque, *cujuscumque*. Par quiconque. Une femme quelconque (*femina*, *æ*). A quiconque. J'aime (*amo*, avec l'accusatif) quiconque, etc. — Au pluriel, *quicumque*, *quæcumque*, *quæcumque*, signifient tous ceux qui, toutes celles qui, toutes les choses qui : (*G.*) *quorumcumque*, *quarumcumque*, etc., de tous ceux qui, etc. Tous ceux que, toutes celles que vous voyez... *vides* (régit l'acc.) Tous ceux, toutes celles que vous favorisez... *faves* (régit le datif).

Dans le suivant ajoutez *dam*.

Un certain, *quidam*. A un certain. Certains. A certains hommes. J'aime certains hommes. De *ou* par certains hommes. L'opinion, *opinio*, de certains hommes, de certaines femmes. Le goût, *sapor*, de certains fruits, *pomum*, *mi*, neut. Je connais, *novi* (régit l'acc.), certaines femmes. J'aime, *amo* (régit l'acc.), certains fruits.

Dans le suivant ajoutez *libet* ou *vis*.

A qui l'on voudra, *cuilibet*, *cuivis*. De qui l'on voudra. Par qui l'on voudra. J'attends, *exspecto* (accusatif), qui l'on voudra, l'ordre (*jussum*) que l'on voudra. J'attends les hommes qu'on voudra, les femmes qu'on voudra, les ordres qu'on voudra.

§ 186. Qui interrogatif. *Quis*, *quæ*, *quid* et *quod*, avec un nom.

Quel homme? Quelle femme? Quel exemple? A quel homme? Quelles femmes? De *ou* par quels exemples? De quelle femme? Quels hommes? De quelles femmes? etc.

Ajoutez pour les composés *nam*, *piam*, et *que*, à *quis*, *cujus*, *cui*, etc., comme *quisnam*, *quænam*, *quodnam*, *cujusnam*, *cuinam*; *quispiam*, *quæpiam*, *quodpiam*, qui, quel; *quisque*, *quæque*, *quodque*, *quidque*, *cujusque*, etc., chacun, chacune, chaque chose.

De chacun, de chaque chose. Quel homme? A chacun. A quel homme? Quels hommes, quelles femmes? Par quel che-

min?... *via, æ*, fém. Par quels moyens?... *ratio , nis*, fém.? Qui
aimez-vous?... *amas* (régit l'acc.)? Quels hommes, quelles femmes
avez-vous vus?... *vidisti* (régit l'acc.)? Quels fruits aimez-vous?
... *pomum, mi*, neut., *amas?*

§ 187. — *Quisquis, quidquid*, qui que ce soit, tout ce qui, n'a
que les cas suivants; les deux mots se déclinent. A qui que ce soit,
cuicui. De ou par qui que ce soit, *quoquo*. Acc. pl. tous ceux
qui, *quosquos*.

Dans *aliquis* et *ecquis, quis* est à la fin du mot; le féminin
sing. et le pluriel neutre sont en *a*.

Quelqu'un, quelqu'une, quelque chose, *aliquis, aliqua, ali-
quod* et *aliquid*.

G. De quelqu'un, de quelqu'une, de quelque chose.
D. A quelqu'un.
A. Quelqu'un, quelqu'une, quelque chose.
Ab. De ou par quelqu'un, quelqu'une, quelque chose.

Pluriel. — *N.* Quelques-uns, quelques-unes, quelques choses,
    aliqui, aliquæ, aliqua, etc. — G. De quelques-uns, etc.

De même: quel, quelle, quoi, *ecquis, ecquæ* ou *ecqua, ecquod*
et *ecquid?*
De qui, de quel, de quelle? A qui, à quel, à quelle? qui trouverez-vous?... *reperies* (régit l'accus.)? Quel homme, quelle
femme, quelle (chose) trouverez-vous...?... *reperies?* (Ne rendez pas le mot *chose*.) Quels hommes, quelles femmes, quelles
choses trouverez-vous?... *reperies?*
Dans *unusquisque*, chacun, on décline *unus* et *quis*. Chacun,
chacune, chaque chose, *unusquisque, unaquæque, unumquod-
que*. G. *uniuscujusque*, etc.
G. De chacun. D. A chacun. Acc. Chacun, chacune, chaque
chose. Ab. De *ou* par chacun, chacune, chaque chose, etc.

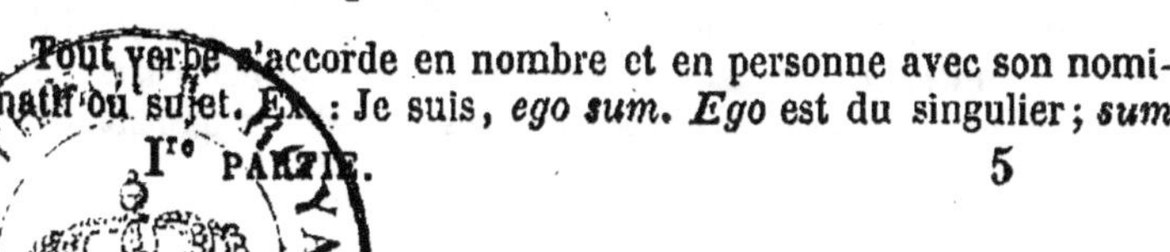

§ 188.   VERBES.

RÈGLE GÉNÉRALE pour tous les verbes.

Tout verbe s'accorde en nombre et en personne avec son nominatif ou sujet. Ex. : Je suis, *ego sum. Ego* est du singulier; *sum*

doit être aussi du singulier. *Ego* est de la première personne ; *sum* est aussi de la première personne. Tu es, *tu es* ; il est, *ille est* ; nous sommes, *nos sumus* ; vous êtes, *vos estis* ; ils sont, *illi sunt.*

§ 189.　　　VERBE *SUM* ET SES COMPOSÉS.

INDICATIF PRÉSENT. — *Sing.* Sum, es, est. *Plur.* Sumus, estis, sunt.

IMPARFAIT. — *Sing.* Eram, eras, erat. *Plur.* Eramus, eratis, erant.

PARFAIT. — *Sing.* Fui, fuisti, fuit. *Plur.* Fuimus, fuistis, fuerunt ou fuêre.

PLUS-QUE-PARFAIT. — *Sing.* Fueram, fueras, fuerat. *Plur.* Fueramus, fueratis, fuerant.

FUTUR. — *Sing.* Ero, eris, erit. *Plur.* Erimus, eritis, erunt.

FUTUR PASSÉ. — *Sing.* Fuero, fueris, fuerit. *Plur.* Fuerimus, fueritis, fuerint.

IMPÉRATIF. — *Il n'y a point de première personne. Sing.* Es ou esto, esto (ille). *Plur.* Simus, este *ou* estote, sunto.

SUBJONCTIF PRÉSENT. — *Sing.* Sim, sis, sit. *Plur.* Simus, sitis, sint.

IMPARFAIT. — *Sing.* Essem *ou* forem, esses *ou* fores, esset *ou* foret, *Plur.* Essemus, essetis, essent *ou* forent.

PARFAIT. — *Sing.* Fuerim, fueris, fuerit. *Plur.* Fuerimus, fueritis, fuerint.

PLUS-QUE-PARFAIT. — *Sing.* Fuissem, fuisses, fuisset. *Plur.* Fuissemus, fuissetis, fuissent.

INFINITIF PRÉSENT ET IMPARFAIT. — Esse.

PARFAIT ET PLUS-QUE-PARFAIT. — Fuisse.

FUTUR. — Fore (*indécl.*), ou futurum, futuram, futurum esse.

FUTUR PASSÉ. (*Il se décline.*) — Futurum, futuram, futurum fuisse.

PARTICIPE FUTUR. — Futurus, futura, futurum.

Composés de *sum* qui seront employés dans les exercices. *Adesse*, adsum, ades, etc., être présent. — *Abesse*, absum, être absent ; *deesse*, desum, manquer ; *interesse, intersum*, assister à ; *obesse, obsum*, nuire ; *præesse, præsum*, présider ; *subesse, subsum*, être dessous ; *superesse, supersum*, rester (être de reste)*.

---

* *Rester*, verbe neutre, prend en français l'auxiliaire *être*, au lieu de l'auxiliaire *avoir*. Ainsi, *je suis resté*, signifie *j'ai resté. J'étais resté* signifie *j'avais resté. Être resté* signifie *avoir resté*, etc. Il en est de même pour les verbes neutres qui se conjuguent avec le

§ 190.   EXERCICES.

MODE INDICATIF. — PRÉSENT.

Je suis absent. Tu es présent. Il manque. Nous assistons. Vous nuisez. Ils président à. Il est dessous. Tu restes. Vous restez. Ils sont dessous. Nous sommes dessous. Il reste.

IMPARFAIT.

J'étais absent. Tu étais présent. Il manquait. Nous assistions à. Vous nuisiez. Ils présidaient. Vous étiez dessous. Tu étais dessous. Je restais. Nous restions. Il restait. Ils restaient.

PARFAIT.

J'ai été *ou* je fus absent. Tu as été *ou* tu fus présent. Il a manqué *ou* il manqua. Nous avons assisté à *ou* nous assistâmes à. Vous avez nui *ou* vous nuisîtes. Ils ont présidé *ou* ils présidèrent. J'ai été dessous. Nous sommes restés. Je suis resté. Vous avez été dessous. Tu as été dessous. Il est resté. Ils sont restés.

PLUS-QUE-PARFAIT.

J'avais présidé. Tu avais nui. Il avait assisté à. Nous avions manqué. Vous aviez été présents. Ils avaient été absents. Il avait été dessous. Il était resté. Nous avions été dessous. Ils étaient restés.

FUTUR.

Je manquerai. Tu seras présent. Il nuira. Nous assisterons. Vous présiderez. Ils seront absents. Je resterai. Ils resteront. Nous resterons. Vous serez dessous. Tu seras dessous.

---

verbe *être*. On dit : *J'étais venu* pour *j'avais venu ; je suis parti* pour *j'ai parti*, etc.

FUTUR PASSÉ.

J'aurai été présent. Tu auras nui. Il aura manqué. Nous aurons présidé. Vous aurez été absents. Ils auront assisté à. Tu seras resté. Vous serez restés. Il sera dessous. Ils seront dessous.

§ 191.   MODE IMPÉRATIF.

Sois absent. Qu'il soit présent. Que nous présidions. Que vous nuisiez. Qu'ils assistent à. Qu'ils manquent. Reste. Restez. Qu'il reste. Qu'ils restent.

§ 192.   MODE SUBJONCTIF. — PRÉSENT.

Que je manque. Que tu présides. Qu'il nuise. Que nous soyons présents. Que vous assistiez à. Qu'ils soient absents. Que tu sois dessous. Que vous soyez dessous. Qu'il reste. Qu'ils restent. Que nous restions.

IMPARFAIT ET CONDITIONNEL PRÉSENT.

Que je fusse *ou* je serais présent. Que tu fusses *ou* tu serais absent. Qu'il présidât *ou* il présiderait. Que nous assistassions ou nous assisterions. Que vous nuisissiez *ou* vous nuiriez. Qu'ils manquassent *ou* ils manqueraient. Que nous restassions. Que vous fussiez dessous. Que tu fusses dessous. Que tu restasses. Qu'il restât. Qu'ils restassent.

PARFAIT.

Que j'aie été présent. Que tu aies été absent. Qu'il ait présidé. Que nous ayons nui. Que vous ayez assisté. Qu'ils aient manqué. Que tu sois resté. Que vous soyez restés. Qu'ils aient été dessous. Qu'il ait été dessous. Que je sois resté. Que nous soyons restés. Qu'il soit resté. Qu'ils soient restés.

PLUS-QUE-PARFAIT ET CONDITIONNEL PASSÉ.

Que j'eusse *ou* j'aurais nui. Que tu eusses *ou* tu aurais été absent. Qu'il eût *ou* il aurait manqué. Que nous eussions *ou* nous aurions assisté. Que vous eussiez *ou* vous auriez été présents. Qu'ils eussent *ou* ils auraient présidé. Il aurait été dessous. Ils auraient été dessous. Vous seriez restés. Tu serais resté. Que je fusse resté. Que nous fussions resté. Que vous eussiez été dessous. Que tu esses été dessous.

§ 193.   INFINITIF.

PRÉSENT ET IMPARFAIT.

Être présent. Être absent. Présider. Nuire. Assister. Manquer. Rester. Être dessous.

PARFAIT ET PLUS-QUE-PAREAIT.

Avoir assisté. Avoir manqué. Avoir nui. Avoir présidé. Avoir été absent. Avoir été présent. Être resté. Avoir été dessous.

FUTUR.

Devoir assister. Devoir manquer. Devoir nuire. Devoir présider. Devoir être absent. Devoir être présent. Devoir rester. Devoir être dessous.

FUTUR PASSÉ.

Avoir dû assister. Avoir dû manquer. Avoir dû nuire. Avoir dû présider. Avoir dû être absent. Avoir dû être présent. Avoir dû rester. Avoir dû être dessous.

PARTICIPE FUTUR.

Devant être présent. Devant nuire. Devant être absent. Devant présider. Devant assister. Devant manquer. Devant rester. Devant être dessous.

§ 194.   VERBES ACTIFS.

On appelle verbes *actifs* ceux qui sont terminés en *o*, et qui ont un passif, comme *verbero*, je frappe, qui a le passif *verberor*, je suis frappé.

Le verbe actif exprime l'action du sujet ou nominatif sur l'objet ou régime du verbe, et ce régime se met alors à l'accusatif. Ex :

Pierre aime Paul, *Petrus amat Paulum*. Pierre, *Petrus*, est le sujet ou nominatif du verbe *aime*; Paul, *Paulum*, est l'objet ou le régime de ce verbe, et se met à *l'accusatif*.

RADICAL ET TERMINAISON.

Il faut distinguer dans les verbes le *radical* et la *terminaison*.

Le *radical* est invariable : il représente l'idée de l'action ou de l'état marqué par le verbe. Dans *am o*, j'aime, *am*, racine, exprime l'action d'aimer; *o*, terminaison, exprime l'idée de l'existence : c'est comme si l'on disait *je suis aimant*.

La *terminaison* varie suivant les personnes, les nombres, les temps, les modes. Ainsi on dit :

Am	o,	abam,	em,	are.
	as,	abas,	es,	avisse.
	at,	abat,	et,	andi.
	amus,	abamus,	emus,	ando.
	atis,	abatis,	etis,	andum.
	ant,	abant,	ent,	aturus.

etc., etc.

TERMINAISONS RÉGULIÈRES DES QUATRE CONJUGAISONS.

§ 195.

INDICATIF.

PRÉSENT.

1ʳᵉ conjugaison.	*2ᵉ conjugaison.*	*3ᵉ conjugaison.*	*4ᵉ conjugaison.*
o, as, at.	eo, es, et.	o, is, it. (io, accipio).	io, is, it.
amus, atis, ant.	emus, etis, ent.	imus, itis, unt. (iunt.)	imus, itis, iunt.

IMPARFAIT.

ābam, abas, abat.	ēbam, ebas, ebat.	ĕbam, ebas, ebat. (iebam, as, etc.)	iebam, iebas, iebat.
abamus, abatis, abant.	ebamus, ebatis, ebant.	ebamus, ebatis, ebant.	iebamus, iebatis, iebant.

PARFAIT.

avi, avisti, avit.	ui, uisti, uit.	i, isti, it.	ivi, ivisti, ivit.
avimus, avistis, averunt, avêre.	uimus, uistis, uerunt, uêre.	imus, istis, erunt, êre.	ivimus, ivistis, iverunt, ivére.

FUTUR.

abo, abis, abit.	ebo, ebis, ebit.	am, es, et. (iam, ies, iet.)	iam, ies, iet.
abimus, abitis, abunt.	ebimus, ebitis, ebunt.	emus, etis, ent. (iemus, etc.)	iemus, ietis, ient.

FUTUR PASSÉ.

avero, averis, averit.	uero, ueris, uerit.	ero, eris, erit.	ivero, iveris, iverit.
averimus, averitis, averint.	uerimus, ueritis, uerint.	erimus, eritis, erint.	iverimus, iveritis, iverint.

IMPÉRATIF.

a *ou* ato, ato (ille).	e *ou* eto, eto (ille).	e *ou* ito, ito (ille).	i *ou* ito, ito (ille).
emus, ate *ou* atote, anto.	eamus, ete *ou* etote, ento.	amus (iamus), ite *ou* itote, unto.	iamus, ite *ou* itote, iunto.

SUBJONCTIF. PRÉSENT.

em, es, et.	eam, eas, eat.	am, as, at. (iam, ias, etc.)	iam, ias, iat.
emus, etis, ent.	eamus, eatis, eant.	amus, atis, ant. (iamus, etc).	iamus, iatis, iant.

IMPARFAIT.

arem, ares, aret.	ērem, ēres, ēret.	ĕrem, eres, eret.	irem, ires, iret.
aremus, aretis, arent.	ēremus, ēretis, ērent.	eremus, eretis, erent.	iremus, iretis, irent.

PARFAIT.

averim, averis, averit.	uerim, ueris, uerit.	erim, eris, erit.	iverim, iveris, iverit.
averimus, averitis, averint.	uerimus, ueritis, uerint.	erimus, eritis, erint.	iverimus, iveritis, iverint.

PLUS—QUE—PARFAIT.

avissem, avisses, avisset.	uissem, uisses, uisset.	issem, isses, isset.	ivissem, ivisses, ivisset.
avissemus, avissetis, avissent.	uissemus, uissetis, uissent.	issemus, issetis, issent.	ivissemus, ivissetis, ivissent.

INFINITIF. PRÉSENT.

are.	ēre.	ĕre.	ire.

PARFAIT.

avisse.	uisse.	isse.	ivisse (*).

FUTUR.

aturum, am, um esse.	iturum, am, um esse. (eturum : impleturum.)	turum, am, um esse.	iturum, am, um esse.

FUTUR PASSÉ. (Mêmes terminaisons en remplaçant *esse* par *fuisse*.)

PARTICIPE PRÉSENT.

ans, antis.	ens, entis.	ens, entis. (iens, ientis.)	iens, ientis.

PARTICIPE FUTUR.

aturus, a, um.	iturus (eturus), a, um.	turus, a, um.	iturus, a, um.

SUPINS.

atum.	itum (etum).	tum.	itum.

GÉRONDIFS.

andi, do, dum.	endi, do, dum.	endi, do, dum. (iendi, do, dum.)	iendi, do, dum.

(*) Nous indiquons ici les deux dernières syllabes du parfait ; mais dans le parfait et dans les temps qui en dépendent, il y a une grande variété dans les syllabes qui précèdent la terminaison *i*. Ainsi on dit :

ded-i . domu-i   ris-i   leg-i, scrips-i   hans-i ; dedero , domuero ; domuisse , risisse, *etc.*

§ 196. **FORMATION DES TEMPS.**

Présent de l'infinitif.

Otez-en la dernière syllabe, vous aurez l'impératif :

Ama re,   mone re,   lege re,   audi re.
Ama,   mone,   lege,   audi.

Ajoutez-y *m*, vous aurez l'imparfait du subjonctif :

Amare m,   monere m,   legere m,   audire m.

Présent de l'indicatif.

1° Dans les deux premières conjugaisons,   changez *o* en *abo*,
           am   o   mone   o
bo, vous aurez le futur : *am abo, mone bo;* dans les deux der-
           leg   o   audi   o
nières, changez *o* en *am; leg am audi am.*

2° Dans la première conjugaison, changez *o* en *em*, vous aurez
           am   o
le présent du subjonctif : *am em;* dans les trois autres, changez *o*
        mone   o   leg   o   audi   o
en *am : mone am, leg am, audi am.*

§ 197.   *Parfait de l'indicatif.*

Changez *i* en *eram*, vous aurez le plus-que-parfait :
Amav i,   monu i,   leg i,   audiv i.
Amav eram, monu eram, leg eram, audiv eram.
Changez *i* en *ero*, vous aurez le futur passé :
Amav ero, monu ero, leg ero, audiv ero.
Changez *i* en *erim*, vous aurez le parfait du subjonctif :
Amav erim, monu erim, leg erim, audiv erim.
Changez *i* en *issem*, vous aurez le plus-que-parfait du subjonc-
tif :
Amav issem, monu issem, leg issem, audiv issem.

§ 198.—Du présent de l'indicatif se forment encore :

1° L'imparfait de l'indicatif, en changeant dans la 1ʳᵉ conjugaison *o* en *abam : am o, am abam;* dans la 2ᵉ conjugaison, *o* en
bam : mone o, mone bam; dans la 3ᵉ et la 4ᵉ conjugaison, *o* en
ebam : leg o, leg ebam; audi o, audi ebam.

2° Le participe présent, en changeant dans la 1ʳᵉ conjugaison
o en *ans : am o, am ans;* dans la 2ᵉ, *o* en *ns : mone o, mone ns;*
dans la 3ᵉ et la 4ᵉ, *o* en *ens : leg o, leg ens; audi o, audi ens.*

5.

3° Les gérondifs, en changeant dans la 1re conjugaison *o* en *andi, ando, andum* : am *o*, am *andi, do, dum*; dans la 2e, *o* en *ndi, ndo, ndum*; doce *o*, doce *ndi*, *ndo, ndum*, dans la 3e et la 4e, *o* en *endi, endo, endum* : leg *o*, leg *endi, endo, endum*; audi *o*, audi *endi, endo, endum.*

§ 199. Le parfait de l'infinitif se forme du parfait de l'indicatif, en ajoutant *sse*, dans les quatre conjugaisons : *amavi sse, legi sse*, etc.

§ 200. Du supin en *um*, on forme le participe du futur en changeant *um* en *urus, a, um* : *amat um, amat urus; monit um, monit urus; lect um, lect urus; audit um, audit urus.*

---

§ 201.   PREMIÈRE CONJUGAISON.

are, as.

Terminaisons.

O, as. abam. av-i. av-eram. abo. av-ero. a. em. arem, av-erim. av-issem. are. av-isse. a-turum (esse, fuisse). ans, antis a-turus, a, um. a-tum. andi, ando, andum. (*Voyez* le Tableau général, § 195.)

Le trait de séparation dans *av-i. av-ero,* etc., indique que les terminaisons *i, ero,* etc., peuvent être précédées de différentes syllabes, comme dans *ast-o, as; astit-i, astit-ero, astit-eram, domu-ero,* etc. Les terminaisons des temps sont les mêmes dans tous les verbes de la première conjugaison.

Même observation pour les autres conjugaisons.

§ 202.   VERBES A CONJUGUER.

Voix active.

VERBES RÉGULIERS.

Je frappe, *verber o, as, avi, atum, are.* Act.
Je loue, *laud o, as, avi, atum, are.* Act.
J'appelle, *voc o,* etc. Act.
Je blâme, *vituper o,* etc. Act.
Je chausse, *calce o, as,* etc. Act.
J'annonce, *nunti o, as,* etc. Act.

Je multiplie, *multiplic o*, etc. Act.
Je redoute, *reformid o*, etc. Act.
Je réjouis, *delect o*, etc. Act.

§ 203. VERBES IRRÉGULIERS (actifs ou neutres).

Je donne, *do, das, ded-i, d-atum, dare*. Act.
Je suis debout, *sto, stas, stet-i, sta-tum, stare*. Neut.
Je me tiens auprès, *asto, as, astit-i, astare*. Neut.
Je lave, *lavo, as, lav-i, lo-tum, lau-tum* et *lav-atum, lavare*. Act.
Aider, *adjuvo, as, juv-i, ju-tum, juvare*, Act.
Dompter, *domo, as, mu-i, domi-tum, domare*. Act.
Couper, *seco, as, secu-i, sec-tum, secare*. Participe fut. *secaturus* (Columelle) pour *secturus*. Act.
Défendre, *veto, vetas, vetu-i, veti-tum, vetare*. Act.

§ 204. EXERCICES.

Je frappe. Tu loues. Il appelle. Nous blâmons. Vous chaussez. Ils annoncent. — Je multipliais. Tu redoutais. Il réjouissait. Nous donnions. Vous étiez debout. Ils se tenaient auprès. — J'ai lavé *ou* je lavai *ou* j'eus lavé. Tu as aidé *ou* tu aidas. Il a dompté *ou* il dompta. Nous avons coupé *ou* nous coupâmes *ou* nous eûmes coupé. Vous avez défendu *ou* vous défendîtes. Ils ont frappé *ou* ils frappèrent. — J'avais loué. Tu avais appelé. Il avait blâmé. Nous avions chaussé. Vous aviez annoncé. Ils avaient multiplié. — Je redouterai. Tu réjouiras. Il donnera. Nous serons debout. Vous vous tiendrez auprès. Ils laveront. — J'aurai aidé. Tu auras dompté. Il aura coupé. Nous aurons défendu. Vous aurez frappé. Ils auront loué. — Appelle. Qu'il blâme. Chaussons. Annoncez. Qu'ils multiplient. — Que je redoute. Que tu réjouisses. Qu'il donne. Que nous soyons debout. Que vous vous te-

niez auprès. Qu'ils lavent. — Que j'aidasse *ou* j'aiderais.
Que tu domptasses *ou* tu dompterais. Qu'il coupât *ou*
il couperait. Que nous défendissions *ou* nous défendrions. Que vous frappassiez *ou* vous frapperiez.
Qu'ils louassent *ou* ils loueraient. — Que j'aie appelé.
Que tu aies blâmé. Qu'il ait chaussé. Que nous ayons
annoncé. Que vous ayez multiplié. Qu'ils aient redouté. — Que j'eusse *ou* j'aurais réjoui. Que tu eusses
ou tu aurais donné. Qu'il eût *ou* qu'il aurait été debout. Que nous nous fussions *ou* nous nous serions
tenus auprès. Qu'ils eussent *ou* qu'ils auraient lavé. —
Aider. — Avoir dompté. — Devoir couper. Avoir dû
défendre. — Frappant. Devant louer. — A appeler. —
De blâmer. En chaussant. A annoncer *ou* pour annoncer.

§ 205.   EXERCICES MÊLÉS.

Je louais. Je louai. Le général (*dux*) avait appelé.
Vous aviez multiplié. Tu avais multiplié. Les hommes
redouteront. Les beaux arts (*liberales artes*) réjouissent. Le maître aura annoncé. Qu'il ait annoncé. Que
nous redoutions. Redoutons. Que les méchants (*im-
probi*) aient redouté. Ils auront redouté. Louer. J'ai
blâmé. Avoir blâmé. Que j'appelasse. Ils appelle-
raient. Ils appelleront. Pierre et Paul (*Petrus et
Paulus*) ont donné. Ils auront donné. Qu'il ait
donné. Qu'ils aient donné. Tu as donné. Vous avez
donné. Je me suis tenu auprès. Que je me tinsse
auprès. Mon ami a aidé. Mes amis ont aidé. Il
aura aidé. Ils auront aidé. Tu auras aidé. Que vous
ayez aidé. Qu'il ait aidé. Il aura aidé. Qu'ils aient
aidé. Ils auront aidé. Tu as aidé. Vous avez aidé. Que
j'aie aidé. J'aurai aidé. Que nous ayons dompté. Nous
aurons dompté. La crainte (*metus*) aura dompté. Le
désir (*cupiditas*) d'annoncer. En coupant. A défendre.
Nous aurions défendu. Devant dompter. Devoir domp-

ter. Avoir dû chausser. Que je chausse. Nous eussions coupé. Tu auras lavé. Que tu aies lavé. J'aiderai. J'aiderais. J'aurai dompté. J'aurais dompté. Vous auriez coupé. Vous aurez coupé. Tiens-toi debout. Je me serai tenu debout (je me serai tenu debout, *pour* je m'aurai tenu). Que je chausse. Que nous annoncions. Que vous vous fussiez tenu debout. Vous vous serez tenu debout. Ils coupent. Qu'ils coupent. Que nous domptassions. Nous dompterions. Je donnai. J'ai donné. Vous donnâtes. Vous avez donné. Tu donnas. Tu coupas. Tu auras coupé. Tu aurais coupé. Se tenir debout. S'être tenu debout.

Nous donnerons, à la suite des conjugaisons, des exercices particuliers : 1° Sur les verbes qui, dans les temps composés, prennent le verbe *être* au lieu du verbe *avoir*, comme : je *suis* entré, au lieu de j'*ai* entré, *intravi*. 2° Sur les verbes formés d'*avoir* et d'un *nom*, comme : j'ai soin (je soigne), *curo* ; j'ai faim, *esurio*. 3° Sur les verbes formés du verbe *être*, d'un *adjectif* ou d'un *participe*, comme : je suis sage, *sapio* ; je suis assis, *sedeo*.

---

§ 206.   SECONDE CONJUGAISON.

ēre, *es* (*e* long).

Terminaisons.

Eo, es. ebam. i (u-i, ev-i, etc.*). eram ebo. ero (u-ero. ev-ero,* etc.*). e, eto. eam. erem. erim (u-erim, ev-erim,* etc.*). issem (u-issem. ev-issem,* etc.*). ere. isse (u-isse, ev-isse,* etc.*). turum (i-turum, e-turum.) esse, fuisse. ens, entis. turus (i-turus, e-turus,* etc.*). i-tum. e-tum. endi, endo, endum.* (*Voyez* le Tableau général, § 195.)

§ 207.   VERBES A CONJUGUER.

Verbes réguliers.

Retenir, *coerc-eo, es, coerc-ui, coerc-itum, coerc-ere.* Act.

Effrayer, *terr-eo*, *es*, *ui*, *itum*, *ere*. Act.

Avoir, *hab-eo*, *es*, *ui*, *itum*, *ere*. Act.

Employer, *adhib-eo*, *es*, *ui*, *itum*, *ere*. Act.

Exercer, *exerc-eo*, *es*, *ui*, *itum*, *ere*. Act.

Manquer (de), *car-eo*, *es*, *ui*, *itum*, *ere*. Neut.

Devoir, *deb-eo*, *es*, *ui*, *itum*, *ere*. Act.

Empêcher, *prohib-eo*, *es*, *ui*, *itum*, *ere*. Act.

§ 208.   *Verbes irréguliers.*

Enseigner, *doc-eo*, *es*, *ui*, *doc-tum*, *ere*. Act.

Tenir, *ten-eo*, *es*, *ui*, *ten-tum*, *ere*. Act.

S'abstenir, *abstin-eo*, *es*, *ui*, *absten-tum*, *tin - ere*. Neut.

Penser, *cens-eo*, *es*, *ui*, *um*, *ere*. Act.

Mêler, *misc-eo*, *es*, *ui*, *mis-tum* et *mix-tum*, *misc-ere*. Act.

Exceller, *emin-eo*, *ui* (sans supin), *ere*. Neut.

Favoriser, *fav-eo*, *es*, *fav-i*, *fau-tum*, *fav-ere*. Neut.

Bouillir, *ferv-eo*, *es*, *ferb-ui* (sans supin), *vere*. Neut.

Remplir, *impl-eo*, *es*, *evi*, *etum*, *ere*. Act.

Voir, *vid-eo*, *es*, *vid-i*, *vis-um*, *ere*. Act.

Être assis, *sed-eo*, *es*, *sed-i*, *sess-um*, *dere*. Neut.

Assiéger, *obsid-eo*, *es*, *sed-i*, *sess-um*, *dere*. Act.

Mordre, *mord-eo*, *es*, *momord-i*, *mors-um*, *dere*. Act.

Affliger (*au figuré*), *remord-eo*, *es*, *remord i*, *rs um*, *dere*. Act.

Pendre, être suspendu, *pend-eo*, *es*, *pepend-i*, *pens-um*, *dere*. Neut.

Conseiller, *suad-eo*, *es*, *suas-i*, *sum*, *suad-ere*. Act.

Porter le deuil, pleurer, *lug-eo*, *es*, *lux-i*, *luc-tum*, *gere*. Neut.

Rôtir, *torr-eo*, *es*, *ui*, *tost um*, *torr ere*. Act.

§ 209.   EXERCICES.

Je retiens. Tu effraies. Il a. Nous employons. Vous exercez. Ils manquent (de). — Je devais. Tu empêchais. Il enseignait. Nous tenions. Vous vous absteniez. Ils pensaient. — J'ai mêlé *ou* je mêlai *ou* j'eus mêlé. Tu as excellé, etc. Il a favorisé. Nous avons bouilli *ou* nous bouillîmes *ou* nous eûmes bouilli. Vous avez rempli, etc. Ils ont vu. — J'avais été assis *ou* je m'étais assis. Tu avais assiégé. Il avait mordu. Nous avions affligé. Ils avaient été pendus, suspendus. — Je conseillerai. Tu porteras le deuil. Il rôtira. Nous retiendrons. Vous effraierez. Ils auront. — J'aurai employé. Tu auras exercé. Il aura manqué (de). Nous aurons dû. Vous aurez empêché. Ils auront enseigné. — Tiens. Qu'ils s'abstienne. Pensons. Mêlez. Qu'ils excellent. — Que je favorise. Que tu bouilles. Qu'il remplisse. Que nous voyions. Que vous soyez assis. Qu'ils assiégent. — Que je mordisse *ou* je mordrais. Que tu affligeasses. Qu'il pendît *ou* qu'il fût suspendu. Que nous conseillassions. Vous porteriez le deuil (vous pleureriez). Qu'ils rôtissent *ou* ils rôtiraient. — Que j'aie retenu. Que tu aies effrayé. Qu'il ait eu. Que nous ayons employé. Que vous ayez exercé. Qu'ils aient manqué de. — Que j'eusse *ou* j'aurais dû. Que tu eusses *ou* tu aurais empêché. Qu'il eût enseigné. Que nous eussions *ou* nous aurions tenu. Que vous vous fussiez *ou* vous vous seriez abstenus. Ils auraient pensé. — Mêler. — Avoir excellé. — Devoir favoriser. Avoir dû remplir. — Voyant. Devant être assis *ou* devant s'asseoir. — A mordre. — D'affliger. En pendant. A *ou* pour conseiller.

§ 210.   EXERCICES MÊLÉS.

Le maître enseigne la grammaire (*grammatica, æ*).

Nóus avons effrayé les méchants (*improbus, i*). Les hommes manqueraient, ils auront manqué, qu'ils aient manqué. Ils auraient manqué. Tu aurais dû. Ton père empêcherait, aurait empêché, aura empêché. Vous vous abstiendrez, vous vous serez abstenus. Que vous vous soyez abstenus. Que j'eusse mêlé. Avoir dû mêler. Avoir mordu. Avoir été suspendu. Je suis assis. Je serai assis. J'aurai été assis. Il a favorisé. L'eau (*aqua*) aura bouilli. Le désir (*cupiditas*) de voir. J'irai (*ibo*) voir (supin en *um*). Je suis suspendu. J'étais suspendu, j'ai été suspendu. Nous avions conseillé, nous aurions conseillé, nous aurons conseillé. Ils avaient rôti, ils auront rôti. A rôtir. Devant rôtir. De rôtir. Avoir dû rôtir. Devoir rôtir. Rôtis. Favorise. J'ai favorisé. J'aurai favorisé. Que j'aie favorisé. Vous aurez mêlé. Que vous ayez mêlé. Qu'ils aient favorisé. Ils auront favorisé. Les soldats ont assiégé, ils assiégeront; la nécessité (*necessitas*) d'assiéger. Pour mêler; mêle. Qu'ils s'abstiennent. J'avais tenu. Tenons. Que nous tenions. Que nous tinssions. Que j'aie pensé. Que vous ayez favorisé. Vous aurez favorisé. Vous favoriserez. Qu'il ait mordu. Il aura mordu. Que nous tinssions; nous tiendrions. Avoir rempli. Devoir assiéger. Je viens (*venio*) assiéger (supin en *um*), pour assiéger (participe en *rus*). Devant mordre. J'aurai mordu. Que j'aie mordu. Tu auras enseigné. Vous aurez mordu. Qu'il ait conseillé. Qu'ils aient rôti. Nous aurons tenu. Que nous ayons tenu. Je viens (*venio*) favoriser (supin en *um*). Nous nous serons abstenus. Que nous nous soyons abstenus. Tu enseignes. Que tu enseignes. J'ai porté le deuil (j'ai pleuré). Nous aurons porté le deuil. Que nous ayons porté le deuil.

§ 211. TROISIÈME CONJUGAISON.

ĕre, is (e bref).

Terminaisons.

O, is. ebam. i. eram. am. ero. e, ito. am, as. erem. erim. issem. ere. isse. urum (esse, fuisse). ens, entis. urus, a, um. um. endi, do, dum. (Voyez le tableau général, § 195.)

Verbes à conjuguer.

N. B. Il faut remarquer que la troisième conjugaison renferme des verbes en *ere*, *io*, comme *accipere*, *accipio*. Ces verbes ne conservent l'*i* avant la terminaison qu'au présent, à l'imparfait et au futur simple de l'indicatif : *Accipio*, *accipiebam*, *accipiam*, *accipies*, et au subjonctif présent, *accipiam*, *as*. Mais on dit : *Accepi*, *acceperunt; acceperam*, *accepero*, *acciperem*, *accepe-rim*, et non *accepierunt*, *accepieram*, *accepiero*, *accipierem*, *accepierim.*

Vaincre, *vinc-o, is, vic-i, vict-um, vinc-ere.* Act.
Tuer, *occid-o, is, i, occis-um ; occid-ere.* Act.
Jouer, *lud-o, is, lus-i, um, lud-ere.* Act.
Amasser, *collig-o, is, eg-i, ect-um, igere.* Act.
Faire, *faci-o, is, fec-i, fact-um, fac-ere.* Act. (fait à l'impératif *fac*).
Tirer (dehors), faire sortir, *elici-o, is, elicu-i, elicit-um, cere.* Act.
Attirer (par caresses, allécher), *allici-o, is, al-lex-i, allect-um, allicere.* Act.
Creuser, *fod-io, is, fod-i, fossum, fod-ere.* Act.
Prendre, *capi-o, is, cep-i, capt-um, pere.* Act.
Ravir, *rapio, is, rapu-i, rapt-um, pere.* Act.
Désirer, *cupi-o, is, pivi* ou *cupii, itum, pere.* Act.
Enfanter, *pari-o, is, peper-i, part-um, parere.* Act. (On dit *pariturus.*)

Abattre, *decuti-o*, *is*, *cussi*, *ssum*, *cutere*. Act.

Accuser, *argu-o*, *is*, *ui*, *gutum*, *ere*. Act.

Bâtir, *struo-is*, *strux-i*, *struct-um*, *struere*. Act.

Couler, *flu-o*, *is*, *flux-i*, *xum*, *fluere*. Neut.

Boire, *bib-o*, *is*, *i*, *bibitum*, *bibere*. Act. ou neut.

Écrire, *scribo*, *is*, *scripsi*, *script-um*, *scribere*. Act.

Lécher, *lamb-o*, *is*, *lamb-i* (sans supin), *ere*. Neut. et act.

Pousser, *pell-o*, *is*, *pepul-i*, *puls-um*, *pellere*. Act.

Étendre, renverser, *sterno*, *is*, *stravi*, *stratum*, *sternere*. Act.

Voir le tableau des verbes de la troisième conjugaison dans la Grammaire, § 171-227.

§ 212. EXERCICES.

Je vaincs. Tu tues. Il joue. Nous amassons. Vous faites. Ils tirent (dehors). — J'attirais (par caresses). Tu creusais. Il prenait. Nous ravissions. Vous désiriez. Ils enfantaient. — J'ai abattu *ou* j'abattis. Tu as accusé *ou* tu eus accusé. Il a bâti *ou* il bâtit *ou* il eut bâti. Nous avons coulé *ou* nous coulâmes. Vous avez bu *ou* vous eûtes bu. Ils écrivent *ou* ils eurent écrit. — J'avais léché. Tu avais poussé. Il avait étendu. Nous avions vaincu. Vous aviez tué. Ils avaient joué. — J'amasserai. Tu feras. Il tirera (dehors). Nous attirerons *ou* nous allécherons. Vous creuserez. Ils prendront. — J'aurai ravi. Tu auras désiré. Il aura enfanté. Nous aurons abattu. Vous aurez accusé. Ils auront bâti. — Coule. Qu'il boive. Écrivons. Léchez. Qu'ils poussent. — Que j'étende. Que tu vainques. Qu'il tue. Que nous jouions. Que vous amassiez. Qu'ils fassent. — Que je tirasse *ou* je tirerais (dehors). Que tu attirasses *ou* tu alléchasses. Qu'il creusât. Que nous prissions *ou* nous prendrions. Que vous ravissiez *ou* vous raviriez. Qu'ils ravissent. — Que j'aie désiré. Que tu aies enfanté. Qu'il ait abattu. Que nous ayons accusé. Que vous ayez bâti. Qu'ils aient coulé. —Que j'eusse *ou* j'aurais bu. Que tu eusses écrit. Qu'il eût léché. Que nous eussions *ou* nous aurions poussé. Que vous eussiez poussé. Qu'ils eussent étendu *ou* renversé. — Vaincre. — Avoir tué. — Devoir jouer. Avoir dû amasser. —Faisant. Devant tirer (dehors). — A prendre. — De creuser. En prenant. A *ou* pour désirer.

§ 213.   EXERCICES MÊLÉS.

Je joue. J'amassais. Nous attirions. J'ai fait. Pierre (*Petrus*) a désiré. La paresse (*pigritia*) a enfanté, aura enfanté tous les vices (*omnis, e, vitium, ii*, neut.). Qu'elle ait enfanté. Je vais (*eo*) cueillir (supin en *um*). Je viens (*venio*) pour cueillir (part. futur en *rus*). Je creuserais. Je creuserai. J'aurai creusé. Que j'aie creusé. Nous ravirions. Je ravis. Nous aurons ravi. Ils ont coulé. Ils auront coulé. Ils couleraient. Qu'ils aient coulé. Nous aurions bu. Nous aurons bu. Le temps (*tempus*) d'écrire (gérond. en *di*). Je prendrai. Je prendrais. J'aurai pris. Que j'aie pris. Que nous ayons ravi. Bâtis. Qu'il bâtisse. Elle avait accusé. Ils auront abattu. Bâtissant. Qu'il écrive. Creusez. Que je désire. Que j'amassasse. Il ravirait. Que nous ayons coulé. Qu'ils eussent écrit. Ils auraient léché. Nous aurions poussé. Abattre. Avoir enfanté. Désirant. Le temps de jouer. En amassant. Devoir écrire. Devant bâtir. Je vais (*eo*) jouer (sup. en *um*). Le chien (*canis*) lèche, il a léché. Ils auront poussé. Qu'ils aient poussé. J'aurai attiré. Que j'aie attiré. Avoir dû faire. Devoir renverser. Nous aurions renversé. Nous eussions bâti. Je désirerais. Nous prendrions. Nous aurons creusé. Nous aurions poussé. Devant creuser. J'ai creusé. Avoir bu. J'aurai tiré (dehors). Nous aurons attiré. Joue. Il a tué. Rassemblez. Je rassemble. Vous avez rassemblé. Vous aurez écrit. Que vous ayez écrit. Vous auriez écrit. Avoir dû écrire. Vous eussiez bu. Tu aurais abattu. Tu auras bâti. Que tu aies bâti. Que je désire. Je désirerai. Je désirerais. Que tu coules. Tu couleras. Il a étendu. Il a poussé. Il aura chassé. Qu'il ait chassé.

---

§ 214. QUATRIÈME CONJUGAISON.

ire, is.

Terminaisons.

Io, is. iebam. ivi (ii). iveram (ieram). iam, ies. ivero (iero). i, ito. iam, ias. irem. iverim (ierim). ivissem (iissem). ire. ivisse (iisse). iturum (esse, fuisse). iens, tis. iturus. itum. iendi, do, dum. (Voyez le tableau général, § 195.)

Remarque. Dans plusieurs verbes, le parfait est en *i* et non en *ivi, ii.* Dans ces verbes, la *troisième pers. plurielle* du *parfait* est en *erunt;* le *plus-que-parfait* en *eram;* le *futur passé* en *ero;* le parfait du subjonctif en *erim;* le plus-que-parfait de l'infinitif en *isse;* le supin en *tum* ou *sum ;* le participe futur en *turus.* Tels sont *venio, veni, ventum, venturus,* venir; *sentio, sensi, sum,* sentir; *raucio, rausi, sum,* être enroué; *fulcio, fulsi, tum,* appuyer; *sarcio, sarsi, sarsisse, sartum, sarturus,* réparer; *farcio, farsi,* remplir; *haurio, hausi,* avaler; *reperio, reperi,* trouver; *comperio, comperi,* découvrir, apprendre; et les composés de ces verbes, comme *advenio, adveni,* arriver; *refercio, refersi,* remplir. Ainsi l'on dit: *advenerunt, adveneram; reperi, repererunt; refersi, referserunt; repereram, referseram; repererim, reperisse, repertum, reperturus,* et non *reperii, reperierunt, reperieram, reperiero, reperierim, reperiisse, reperitum, reperiturus,* etc.

§ 215. VERBES A CONJUGUER.

Verbes réguliers.

Fortifier, *mun-io, is, ivi, ii, itum, ire.* Act.
Enduire, *lin-io, is, lin-ivi, lin-itum, lin-ire.* Act.

Finir, *fin-io, is, ivi, itum, ire.* Act.

Savoir, *sc-io, is, ivi, itum, ire.* Act. (A l'impératif on dit *scito* et non *sci.*)

Assaisonner, *cond-io, is, ivi, itum, ire.* Act.

Servir, *serv-io, is, ivi, ii, itum, ire.* Neut.

§ 216.   *Verbes irréguliers.*

Lier, *vinc-io, is, vinx-i, vinct-um, vinc-ire.* Act.

Ensevelir, *sepel-io, is, ivi, sepult-um, sepel-ire.* Act.

Venir, *ven-io, is, ven-i, vent-um, ven-ire.* Neut.

Sentir, *sent-io, is, sens-i, sens-um, sent-ire.* Act.

Être enroué, *rauc-io, is, raus-i, sum, raucire.* Neut.

Appuyer, étayer, *fulc-io, is, fuls-i, fult um, cire.* Act.

Coudre, réparer, *sarc-io, is, sars-i, sart-um, cire.* Act.

Remplir, *referc-io, is, fers-i, fertum, cire.* Act.

Puiser, *haur-io, is, haus-i, haust-um, ire.* Act.

Sauter dans, sur, *insil-io, is, ui,* mieux que *ii, insultum, insil-ire.* Neut.

Ouvrir, *aper-io, is, ui, apert-um, aper-ire.* Act.

Trouver, *reper-io, is, reper-i, repert-um, ire.* Act.

Découvrir, apprendre, *comperio, is, comper-i, compertum, ire.*

§ 217.   EXERCICES.

Je fortifie. Tu enduis. Il finit. Nous savons. Vous assaisonnez. Ils servent. —Je liais. Tu ensevelissais. Il venait. Nous sentions. Vous étiez enroués. Ils appuyaient *ou* ils étayaient. —J'ai cousu *ou* je cousis *ou* j'eus cousu. Tu as rempli. Il a puisé. Nous avons *ou* nous eûmes sauté dans *ou* nous sautâmes. Vous avez ouvert. Ils ont trouvé. —J'avais découvert *ou* appris. Nous avions fortifié. Vous aviez enduit. Ils avaient fini. —Je saurai. Tu assaisonneras. Il servira. Nous

lierons. Vous ensevelirez. Ils viendront. — J'aurai
senti. Tu auras été enroué. Il aura appuyé. Nous aurons cousu *ou* réparé. Vous aurez rempli. Ils auront
puisé. — Saute dans. Sache. Qu'il ouvre. Trouvons.
Découvrez. Qu'ils fortifient. — Que j'enduise. Que tu
finisses. Qu'il sache. Que nous assaisonnions. Que vous
serviez. Qu'ils lient. — Que j'ensevelisse *ou* j'enseve-
lirais. Que tu vinsses. Qu'il sentit *ou* il sentirait. Que
nous fussions *ou* nous serions enroués. Que vous ap-
puyassiez *ou* vous étayassiez. Qu'ils cousissent *ou* qu'ils
réparassent. — Que j'aie rempli. Que tu aies puisé.
Qu'il ait sauté dans. Que nous ayons ouvert. Que
vous ayez trouvé. Qu'ils aient découvert. — Que j'eusse
ou j'aurais fortifié. Que tu cusses enduit. Qu'il eût
fini. Que nous eussions su. Que vous cussiez assaisonné.
Qu'ils eussent *ou* ils auraient servi. — Lier. — Avoir
enseveli. — Devoir ensevelir. Avoir dû venir. — A puiser. — Sentant. Devant appuyer *ou* étayer. — De coudre. En remplissant. A *ou* pour puiser.

§ 218.   EXERCICES MÊLÉS.

Ils fortifiaient. Nous finîmes. Ils avaient su. Tu au-
ras assaisonné. Lie. Ensevelissez. Sentez. Que vous
sentiez. Nous serions enroués. Que je me sois appuyé.
Ils eussent puisé. Ils auraient rempli. Avoir puisé.
Devant puiser. A ouvrir. De trouver. En servant.
Pour (*ad*) réparer. Devoir réparer. Devant venir.
Nous aurions su. Nous aurons su. Que nous ayons su.
Que j'eusse lié. Vous auriez sauté. Vous aurez sauté.
Que vous ayez sauté. Ils auraient assaisonné. Ils assai-
sonneraient. Ils assaisonneront. Ils auront assaisonné.
Qu'ils aient assaisonné. Nous avons su. Nous aurons
appuyé. Que nous ayons senti. Trouve. Ensevelissons.
A sauter. Je serai venu. J'aurai enseveli. Nous aurons
lié. Nous liâmes. Que nous ayons lié. Sers. Sache.

Devant puiser. Que nous eussions puisé. Ils ont cousu.
Nous remplîmes. J'étais enroué. Vous sentîtes, vous
avez senti. Devant appuyer. Puise. Trouvez. J'aurai
trouvé. Vous eussiez ouvert. Nous aurions trouvé. Il
répara. Qu'il réparât. Que tu aies enseveli. Tu auras
enseveli. Nous aurons réparé. Que nous ayons réparé.
Vous aurez rempli. Que vous ayez rempli. J'ai puisé.
Je puisai. Vous avez ouvert, vous ouvrîtes. Viens.
Venez. Qu'il soit venu. Devoir apprendre (*comperio*).
Devant apprendre. Que vous ayez appris. Vous aurez
appris. Vous auriez appris. Avoir appris. Nous sen-
tîmes. Ils ont senti *ou* ils sentirent.

§ 219. VERBES NEUTRES qui emploient l'auxiliaire *être* au lieu
de l'auxiliaire *avoir* dans les temps composés.

Rester, *maneo, es, mansi, mansum, manere*. Entrer, *intro, as, avi, atum, are*. Monter, *ascendo, di,
ascensum, ere*. Tomber, *cado, cecidi, casum, cadere*.
Descendre, *descendo, di, sum, ere*. Parvenir, *pervenio, veni, ventum, venire*.

§ 220.   EXERCICES.

Je suis resté (je restai). Nous sommes entrés. Ils sont
entrés (ils entrèrent). Vous serez tombé. Vous êtes
tombé *ou* vous tombâtes. Que vous soyez tombés. Nous
serons tombés. J'étais entré. J'entrais. Ils étaient tombés. Ils tombaient. Ils montent. Ils sont montés. Ils
tombèrent. Je descendrais. Que je fusse *ou* je serais
descendu. Nous serions entrés. Être resté. Rester.
Qu'il soit resté. Qu'il reste. Je suis entré *ou* j'entrai.
Tu es descendu. Être monté. Nous serons tombés. Ils
descendront. Ils seront descendus. Qu'ils soient des-

cendus. Être parvenu. Parvenir. Devoir parvenir. Descendre. Être descendu.

§ 221. Les verbes pronominaux prennent aussi l'auxiliaire *être* dans leurs temps composés.

Je m'empare, *occupo.* Je me suis emparé, *occupavi.* Je me tiens debout, *sto, stas.* Je me suis tenu debout, *steti (statum, stare).* Je m'enquiers, *inquiro, is, isivi, isitum, irere.* Je m'en vais, *abeo, is, ivi* ou *ii, itum, ire.* Je me moque, *irrideo, es, risi, risum, ridere.* Je me hâte *ou* je m'empresse, *propero, as, avi, atum, are.* Je me désiste, *desisto, is, destiti, stitum, desistere.* Je me tais, *taceo, es, tacui, tacitum, cere.*

§ 222.   EXERCICES.

Je m'emparais. Je m'étais emparé. Nous nous sommes tenus debout. Je me suis tenu (je me tins) debout. Vous vous en irez. Vous vous en serez allés. Que nous nous en allions. Que vous vous en soyez allés. Que nous nous soyons moqués. Nous nous serons moqués. Que je me tusse. Que je me fusse tû. Que vous vous empariez. S'empresser. S'être empressé. Je me suis désisté. Qu'il se désiste. Qu'il se soit désisté. Il se sera désisté. Il se désistera. Ils se désisteront. Je m'enquiers. S'être enquis. Je me suis enquis. Ils s'enquerront. Ils se sont enquis. Ils se seront enquis. Qu'ils se soient enquis. Je me suis tû. Je me tais. Ils s'étaient tus. Ils se taisaient. Je me serai tû. Je me tairai. Je me tairais. Vous vous serez tus. Que vous vous soyez tus. S'être tû. De se taire.

---

§ 223. — VERBES composés d'*avoir* et d'un *substantif*, comme : j'ai faim, *esurio.*

Dans ces verbes, *avoir* n'exprime le passé qu'autant

qu'il est suivi de son participe passé *eu*. Présent, j'ai faim, *esurio*. Parfait, j'ai eu faim, *esurivi, ii.* Imparfait, j'avais faim, *esuriebam.* Plus-que-parfait, j'avais eu faim, *esurieram.* Avoir faim, *esurire.* Avoir eu faim, *esuriisse.* J'aurai faim, *esuriam.* J'aurai eu faim, *esuriero*, etc.

J'ai horreur, *horreo, es, ui, horrere.* J'ai froid, *algeo, es, alsi, alsum, algere.* J'ai soif, *sitio, is, ivi, itum, ire.* J'ai soin, *curo, as, avi, atum, are.* J'ai chaud, *caleo, es, ui, ere.* J'ai peur, *paveo, es, vi, ere.*

§ 224. EXERCICES.

Nous avions faim. Nous avions eu faim. Nous avons faim. J'aurai soin. J'aurais eu soin. J'ai froid. J'ai eu froid. Tu as chaud. Tu as eu chaud. Avoir soif. Avoir eu soif. Que j'aie soif. Que j'aie eu soif. Ils ont horreur. Ils ont eu horreur. J'aurais soin. J'aurais eu soin. Avoir soin. Avoir eu soin. Vous avez soif. Vous aviez soif. Vous avez eu soif. Vous aviez eu soif. Nous aurions eu soin. Nous aurons soin.

§ 225. — Il y a aussi des verbes composés du verbe *être* et d'un *adjectif* ou d'un *participe*, comme : être furieux, *furere;* être fier, *superbire.*

Superbio, is, ivi, ii, itum, ire, devenir fier, être fier.— *Insanio, is, ivi, ii, itum, ire,* être fou.—*Sedeo, es, sedi, sessum, sedere,* être assis. — *Doleo, es, ui, itum, ere,* être fâché. — *Faveo, es, favi, fautum, favere,* être favorable.—*Sapio, is, ivi* ou *sapui, sapere,* être sage.

§ 226. EXERCICES.

Il était fier. Il avait été fier. Tu es fou. Tu as été fou. Être fou. Avoir été fou. Je serai assis *ou* je m'assiérai. J'aurai été assis *ou* je me serai assis. Que nous soyons assis *ou que nous nous asseyions*. Que nous ayons été assis *ou que nous nous soyons assis*. Que je fusse *ou* je serais assis *ou* je m'assiérais. J'aurais été assis, j'eusse été assis *ou* je me serais, je me fusse assis. Être assis *ou* s'asseoir. Avoir été assis *ou* s'être assis. Étant assis *ou* s'asseyant. Devant être assis *ou* devant s'asseoir. Vous êtes fâchés. Vous avez été fâchés. Vous serez fâchés. Vous aurez été fâchés. Ils seront favorables. Ils auront été favorables. Ils auraient été sages. Ils seraient sages. Être fâché. Avoir été fâché. Qu'il soit fier. Qu'il ait été fier. Il sera fier. Il aura été fier. Je serais favorable. J'aurais été favorable.

Les remarques que nous venons de faire s'appliquent à tous les verbes de ce genre, dans toutes les conjugaisons.

---

§ 227. — Verbes qui ont un *redoublement* au *prétérit*.

Cado, cecidi (i *bref*), casum, cadere, *tomber. Les composés changent* a *en* i, *et n'ont pas de redoublement, comme* accido, accidi, dere, *arriver. Les trois verbes* incido, *tomber dans;* occido, *tomber, mourir;* recido, *retomber, sont les seuls qui aient le supin :* incasum, occasum, recasum.

Cædo, cecidi (i *long*), cæsum, cædere, *couper, tailler en pièces,* etc. *Les composés changent* a *en* i, *et perdent le redoublement :* Abscido, scidi, scisum, dere, *séparer* (*en coupant*). Incido, incidi, incisum, ere, *couper* (*dans*), *tailler.* Occido, di, sum, ere, *tuer.*

Cano, cecini, cantum, canere, *chanter. Les composés changent* a *en* i, *et font* ui, entum : Concino, concinui, concentum, concinere, *chanter en partie, être d'accord,* etc.

Curro, cucurri, cursum, currere, *courir. Ses composés perdent le redoublement, excepté les six suivants :* Concurro, concurri *et* concucurri, concursum, concurrere, *concourir;* accurro, *accourir;* decurro, *courir* (*de haut en bas*); excurro, *faire une sortie,* etc.; percurro, *parcourir;* præcurro, *devancer;* procurro, *courir devant.*

Disco, didici, discere, *apprendre; ainsi que ses composés :* addisco, edisco, *apprendre;* dedisco, *désapprendre.*

Les composés du verbe do, das, dedi, datum, *dare*, *donner*, *sont de la troisième conjugaison. Les suivants font* didi *au parfait*, *et* ditum *au supin.* Abdo, abdidi, ditum, dere, *cacher ;* addo, *ajouter ;* condo, *fonder ;* credo, *croire ;* dedo, *livrer ;* dido, *diviser ;* edo, *produire ;* indo, *mettre dedans ;* perdo , *perdre ;* prodo, *trahir ;* trado, *livrer ;* vendo, *vendre ; cependant* abscondo, *cacher, fait* abscondi, ditum, dere. *Mais* recondo, *cacher de nouveau, fait* recondidi.

Fallo, fefelli, falsum, fallere, *tromper.* Refello, refelli, refellere, *réfuter* (*sans redoublement et sans supin*).

Mordeo, es, momordi , morsum, dere, *mordre. Les composés n'ont point de redoublement.* Admordeo, admordi, etc., *mordre.*

De pago, *inusité, vient* pepigi, *j'ai fait alliance.*

Parco, peperci, parcitum (*et* parsi, parsum), parcere, *épargner.*

Pario, peperi, partum, parere, *enfanter, produire.*

Pello, pepuli, pulsum, pellere, *pousser. Les composés n'ont pas de redoublement :* Apello , appuli, etc., *aborder.*

Pendeo, pependi, pensum, pendere, *v. neut., pendre, être pendu à. Les composés n'ont point de redoublement :* Dependeo, dependi, *être suspendu à.*

Pendo, is, pependi, pensum, pendere, *v. act., peser, estimer, payer. Les composés n'ont point de redoublement :* Expendo, expendi, etc., *dépenser.*

Posco, poposci, poscitum, scere, *demander, de même les composés :* Deposco, *demander ;* exposco, *demander instamment ;* reposco, *redemander.*

Pungo, pupugi, punctum, pungere, *piquer. Les composés font* unxi *au parfait :* Dispungo , dispunxi, etc., *ponctuer.*

(*Les composés du verbe neutre* sisto, is, steti, sistere, *s'arrêter,* changent e en *i,* comme : Assisto, astiti, assistere, *être auprès ;* absisto, *se tenir loin.*

Les autres composés sont usités au supin : Consisto, constiti, titum, consistere, *s'arrêter ;* desisto, *se désister ;* existo, *être, exister :* insisto, *presser ;* obsisto, *résister, s'opposer ;* persisto, *persister ;* resisto, *résister, rester en arrière ;* subsisto, *s'arrêter.*

(*Le verbe actif* sisto, *retenir, arrêter, fait* stiti (*mais seulement comme terme de droit*), statum, sistere.)

Spondeo, es, spopondi, sponsum, spondere, *promettre, garantir. Les composés n'ont point le redoublement :* Respondeo, respondi, responsum, respondere, *répondre.*

Tango, tetigi, tactum, tangere, *toucher. Les composés chan-*

gent a en i , *et perdent le redoublement* : Attingo , attigi , attactum , attingere , *atteindre.*

Tendo, tetendi, tensum *et* tentum, tendere, *tendre. Les composés n'ont point le redoublement et font le supin en* tum : Attendo , attendi , attentum , attendere , *être attentif.*

Tondeo, es , totondi, tonsum, tondere, *tondre. Le composé n'a pas de redoublement :* Detondeo , detondi , detonsum , ere , *tondre tout à fait , raser.*

§ 228. EXERCICES.

On se rappellera que le futur passé et le parfait du subjonctif se forment du parfait de l'indicatif : *Fallo* , *fefelli* , *fefellero* , *fefellerim.*

Je suis tombé *ou* je tombai (*cado*). J'ai coupé (*cædo*). Je suis tombé *ou* je suis mort (*occido*). J'ai tué (*occido*). Tu as chanté *ou* tu chantas (*cano*). Tu as chanté (en partie) , tu as été d'accord (*concino*). Il a couru (*curro*). Il a accouru (*accurro*). Nous avons appris (*disco*). Nous avons désappris (*dedisco*). Vous avez donné (*do*). Vous avez caché (*abdo*). Ils ont ajouté *ou* ils ajoutèrent (*addo*). Tu avais cru (*credo*). Il avait livré (*trado*). Nous avions divisé (*dido*). Vous aviez produit (*edo*). Ils avaient mis dans (*indo*). Je perdrai (*perdo*). J'aurai perdu. Tu auras trahi (*prodo*). Il aura livré (*trado*). Nous aurons vendu (*vendo*). Vous aurez caché (*abscondo*). Vous aurez caché (de nouveau , *recondo*). Ils auront trompé (*fallo*). Ils auront réfuté (*refello*). Que j'aie mordu (*mordeo*). Que j'aie épargné (*parco*). Que tu aies fait alliance (*pago*, inus.). Que Rome ait enfanté, produit (*Roma pario*). Que nous ayons poussé (*pello*). Que nous ayons abordé (*appello*). Que vous soyez pendus à (*pendeo*). Que vous soyez suspendus à (*dependeo*). Qu'ils soient pendus à. Que nous ayons pesé, payé (*pendo*). Que vous ayez pesé, payé. Que nous ayons dépensé (*expendo*). Que vous ayez dépensé. Qu'ils aient payé, dépensé. Que j'eusse demandé (*posco*). Que vous eussiez demandé, payé, dépensé. Avoir demandé. Avoir demandé instamment (*exposco*). Avoir redemandé (*reposco*). J'ai piqué (*pungo*). J'ai ponctué (*dispungo*). Tu t'es arrêté (*sisto*). Tu t'es tenu auprès (*assisto*). Ils s'est tenu loin (*obsisto*). Nous nous sommes arrêtés, établis (*consisto*). Vous vous êtes désistés (*desisto*). Ils ont existé (*existo*). J'avais pressé (*insisto*). Tu avais résisté, tu t'étais opposé (*obsisto*). Il avait persisté (*persisto*). Nous avions résisté, nous nous étions arrêtés *ou* nous étions restés en arrière (*resisto*). Ils s'étaient arrêtés, ils étaient restés en arrière (*subsisto*). J'aurai promis, je me serai engagé (*spondeo*). J'aurai répondu (*respondeo*). Tu as touché (*tango*). Tu as atteint (*attingo*). Il a tendu (*tendo*). Il a été attentif (*attendo*). Nous avons tondu (*tondeo*). Nous avons rasé (*detondeo*).

Nous sommes tombés *ou* nous tombâmes. Nous avons coupé *ou* nous coupâmes. Nous serons tombés. Nous aurons coupé, perdu, donné, livré Que nous ayons vendu, désappris, poussé, abordé. Il aura trompé, demandé, payé, insisté, promis, répondu. Qu'il ait cru, persisté, touché, atteint, tendu, tondu, rasé; qu'il ait été attentif. Que nous nous fussions arrêtés *ou* établis, désistés. Ils ont produit (*pario*), couru, fondé, promis, répondu, résisté. Ils auront produit, couru, fondé, promis, répondu, résisté. Ils seront tombés. Ils auront coupé, tué. Qu'ils aient tendu, fondé, promis, piqué, ponctué, répondu. Avoir demandé, appris, désappris. J'aurai chanté *en partie ou* j'aurai été d'accord. J'aurai persisté, touché, atteint, fait alliance. J'aurais chanté, persisté, fondé, donné, trompé. Avoir produit, poussé, être abordé, être tombé, être mort (*occido*); avoir tué, divisé (*dido*); pesé, dépensé, épargné, avoir été pendu, suspendu. Que tu eusses *ou* tu aurais chanté *en partie*. Tu eus chanté, tu chantas, tu as chanté. Il fut tombé, il tomba. Il fût *ou* il serait tombé. Il eût *ou* il aurait

pressé, persisté, tendu, donné, mordu. Il eut, il a
pressé, persisté, tendu, donné, mordu.

§ 229.   CONJUGAISON PASSIVE.

Remarques sur la formation des temps.

1° L'impératif passif est toujours semblable à l'infinitif actif.

2° Les temps simples du passif se forment des mêmes temps de l'actif, en ajoutant *r* à ceux qui sont terminés en *o : amo , amor; amabo, amabor;* et en changeant *m* en *r* aux temps de l'actif qui sont terminés en *m: amabam, amabar; amarem, amarer; legam, legar; audiam, audiar.*

3° L'infinitif passif se forme de l'infinitif actif en changeant *re* en *ri*, pour la 1re, la 2e et la 4e conjugaison : *Ama re, ama ri; mone re, mone ri; audi re, audi ri;* dans la 3e en changeant *ere* en *i: leg ere, leg i.*

4° Le participe passé se forme du supin en *u*, auquel on ajoute *s : amat u, amat us; monit u, monit us*, etc.

5° Les temps composés se forment de ce participe, auquel on ajoute l'auxiliaire *sum, eram*, etc., *amat us sum, eram*, etc.

6° le participe du futur passif se forme du présent de l'indicatif actif, en changeant, pour la 1re conjugaison, *o* en *andus : am o, am andus;* pour la 2e, *eo* en *endus : mon eo, mon endus;* pour la 3e et la 4e, *o* en *endus : leg o, leg endus ; audi o, audi endus.*

§ 230.   PREMIÈRE CONJUGAISON.

Terminaisons régulières.

INDICATIF.

Prés.	or, aris *ou* are , atur.
	amur, amini, antur.
Imparf.	abar, abaris, re, abatur.
	abamur, abamini, abantur.
Parf.	atus , a , um sum *ou* fui, es *ou* fuisti, est *ou* fuit.
	ati , æ, a sumus *ou* fuimus, estis *ou* fuistis, sunt *ou* fuerunt.

Plus-q.-p.   atus, a, um .eram *ou* fueram, eras *ou* fueras, erat
                    ou fuerat.

                ati, æ, a eramus *ou* fueramus, eratis *ou* fueratis,
                    erant *ou* fuerant.

Fut.   abor, aberis, abitur.
                abimur, abimini, abuntur.

Fut. passé.   atus, a, um ero *ou* fuero, eris *ou* fueris, erit *ou*
                    fuerit.

                ati, æ, a erimus *ou* fuerimus, eritis *ou* fueritis, erunt
                    ou fuerint.

IMPÉRATIF.

Prés.   are *ou* ator, ator (*ille*).
                emur, amini, antor.

SUBJONCTIF.

Prés.   er, eris, etur.
                emur, emini, entur.
Imparf.   arer, areris *ou* arere, aretur.
                aremur, aremini, arentur.
Parf.   atus, a, um sim *ou* fuerim, sis *ou* fueris, sit *ou* fuerit.
                ati, æ, a simus *ou* fuerimus, sitis *ou* fueritis, sint
                    ou fuerint.
Plus-q.-pdrf. atus, a, um essem *ou* fuissem, esses *ou* fuisses,
                    esset *ou* fuisset; ati, æ, a essemus *ou* fuissemus, *etc.*

INFINITIF.

Prés.   ari.
Parf. et plus-q.-p. atum, atam, atum esse *ou* fuisse; atos, atas,
                    ata fuisse.
Fut.   atum iri (*indécl.*); andum, am, um esse (*décl.*);
                    andos, as, a esse.
Fut. passé.   andum, am, um fuisse (*décl.*); andos, as, a fuisse.

PARTICIPES.

Passé.   atus, a, um. *Fut.* andus, a, um.

SUPIN.

                atu.

§ 231.   VERBES A CONJUGUER. (*RÉGULIERS.*)

Je suis frappé, *verber or, aris, atus sum, ari.*
Je suis loué, *laud or, aris, atus sum, ari.*
Je suis excité, *excit or, aris, atus sum, ari.*
Je suis redouté, *reformid or, aris, atus sum, ari.*
Je suis réjoui *ou* je me réjouis, *delect or, aris, atus sum, ari.*
Je suis blâmé, *vituper or, aris, atus sum, ari.*
Je me rétablis *ou* je suis rétabli, *recre or, aris, atus sum, ari.*

Verbes irréguliers.

Je suis aidé, *adjuv or, aris, adjutus sum, adjuvari.*
Je suis dompté, *dom or, aris, domitus sum, domari.*
Je suis coupé, *sec or, aris, sectus sum, secari.*
Je suis frotté, *fric or, aris, frictus* et *fricatus sum, fricari.*

§ 232.   EXERCICES.

Je suis frappé. Tu es loué. Il est excité. Nous sommes redoutés. Vous êtes réjouis *ou* vous vous réjouissez. Ils sont blâmés. — Je me rétablissais *ou* j'étais rétabli. Tu étais aidé. Il était dompté. Nous étions coupés. Vous étiez frottés. Ils étaient frappés. — J'ai été *ou* je fus loué. Tu as été ou tu fus excité. Il a été *ou* il fut redouté. Nous avons été *ou* nous fûmes réjouis. Vous avez été *ou* vous fûtes blâmés. Ils ont été *ou* ils furent *ou* ils se furent rétablis. — J'avais été aidé. Tu avais été dompté. Il avait été coupé. Nous avions été frottés. Vous aviez été frappés. Ils avaient été loués. — Je serai excité. Tu seras redouté. Il se réjouira *ou* il sera réjoui. Nous serons blâmés. Vous vous rétablirez *ou* vous serez rétablis. Ils seront aidés. — J'aurai été dompté. Tu auras été coupé. Il aura été frotté. Nous aurons été frappés. Vous aurez été loués. Ils auront été excités. — Sois redouté. Qu'il soit réjoui *ou* qu'il se réjouisse. Soyons blâmés. Qu'ils se rétablissent *ou* qu'ils soient rétablis. — Que je sois aidé. Que tu sois dompté. Qu'il soit coupé. Que nous soyons frottés. Que vous soyez frappés. Qu'ils soient loués. —Que je fusse *ou* je serais excité. Que tu fusses *ou* tu serais redouté. Qu'il fût *ou* il serait réjoui. Que nous fussions *ou* nous serions blâmés. Que vous vous rétablissiez *ou* vous vous rétabliriez (*ou* que vous fussiez *ou* vous seriez rétablis). Qu'ils fussent *ou* ils seraient aidés. — Que j'eusse *ou* j'aurais été dompté. Que tu eusses *ou* tu aurais été coupé. Qu'il eût *ou* il aurait été frotté. Que nous eussions *ou* nous aurions été frappés. Que vous eussiez *ou* vous auriez été loués. Qu'ils eussent *ou* ils auraient été exécutés. — Être redouté. — Avoir été réjoui *ou* s'être réjoui. — Devoir être blâmé. Avoir dû se rétablir *ou* avoir dû être rétabli. — Aidé, ayant été aidé. Devant être dompté —A être coupé.

§ 233.   **EXERCICES MÊLÉS.**

Tu es frappé. Tu as été frappé. Vous êtes loués. Vous avez été loués. Tu étais excité. Tu avais été excité. Vous étiez redoutés. Vous aviez été redoutés. Cette femme (*hæc mulier*) avait été louée. Ces femmes (*hæ mulieres*) avaient été louées. Ces esclaves (*hæc mancipia*, neutre) avaient été loués. J'ai été réjoui. Ils avaient été blâmés. Nous nous rétablirons. Ils auront été domptés. Sois aidé. Que vous soyez excités. Qu'il soit frotté. Tu serais blâmé. Soyez réjouis. Qu'ils aient été aidés. Ils auront été aidés. Vous seriez domptés. Être frotté. Avoir été coupé. A être dompté. A être excité. Avoir été aidé. Que nous fussions redoutés. Sois redouté. Vous aviez été loués. Les monstres (*monstra*, neut.) auront été domptés. Que les monstres aient été domptés. Les tigres (*tigris*, *is*, fém.) ont été *ou* furent domptés. Ils auront été blâmés. Qu'ils aient été loués. Ils auraient été frottés. Que je sois dompté. Vous auriez, vous eussiez été domptés. Nous fûmes aidés. Ils seront coupés. Ils auront été coupés. Ils auront été excités. La tempête (*tempestas*, fém.) a été excitée. Sois excité. Femme (*mulier*, fém.), sois louée. Femmes (*mulieres*, fém.), soyez louées. Que les enfants (*pueri*, masc.) soient loués. Que les monstres (*monstra*) soient domptés. Que je sois réjoui. Qu'ils soient loués. Vous êtes blâmés. Vous êtes aidés. Que vous soyez redoutés. Tu auras été dompté. Que tu aies été dompté. Ils auront été frottés. Qu'ils aient été frottés. Je suis aidé. Que je sois aidé. Avoir été aidé, aidée, aidés, aidées. Vos frères (*fratres vestri*, masc. pluriel) devant être loués. Vos sœurs (*sorores vestræ*, fém. pluriel) devant être louées. Les animaux (*animalia*, plur. neut.) devant être domptés. Avoir dû être coupé. Avoir dû être coupée. Avoir dû être coupés. Avoir dû être louées.

---

§ 234.   SECONDE CONJUGAISON.

INDICATIF.

Prés.   eor, eris *ou* ere, etur.
            emur, emini, entur.

Imparf.   ebar, ebaris *ou* ebare, ebatur.
            ebamur, ebamini, ebantur.

Parf.   itus, a, um sum *ou* fui, itus, a, um es *ou* fuisti, itus, a, um est *ou* fuit.
            iti, æ, a sumus *ou* fuimus, iti, æ, a estis *ou* fuistis, iti, æ, a sunt *ou* fuerunt.

Plus-q.-p. itus, a, um eram *ou* fueram, eras *ou* fueras, erat *ou* fuerat.
            iti, æ, a eramus *ou* fueramus, eratis *ou* fueratis, erant *ou* fuerant.

Futur.   ebor, eberis *ou* ebere, ebitur.
            ebimur, ebimini, ebuntur.
Fut. passé.   itus, a, um ero *ou* fuero, eris *ou* fueris, erit *ou* fuerit.
            iti, æ, a erimus *ou* fuerimus, eritis *ou* fueritis, erunt
            ou fuerint.

IMPÉRATIF.

Prés.   ere *ou* etor, etor (*ille*).
            eamur, emini, entor.

SUBJONCTIF.

Prés.   ear, earis *ou* eare, eatur.
            eamur, eamini, eantur.
Imparf.   erer, ereris *ou* erere, eretur.
            eremur, eremini, erentur.
Parf.   itus, a, um sim *ou* fuerim, sis *ou* fueris, sit *ou*
            fuerit.
            iti, æ, a simus *ou* fuerimus, sitis *ou* fueritis, sint *ou*
            fuerint.
Plus-q.-p.   itus, a, um essem *ou* fuissem, esses *ou* fuisses, esset *ou*
            fuisset.
            iti, æ, a essemus *ou* fuissemus, essetis *ou* fuissetis,
            essent *ou* fuissent.

INFINITIF.

Prés. et imparf. eri.
Parf. et p.-q.-p. itum, itam, itum esse *ou* fuisse.
Futur.   itum iri (*indécl.*), endum, am, um esse (*décl.*).
Fut. passé.   endum, am, um esse *ou* fuisse; endos, as, a esse *ou*
            fuisse.

PARTICIPES.

Passé.   itus, a, um; iti, æ, a.
Fut.   endus, a, um; endi, æ, a.

SUPIN.

            itu.

VERBES A CONJUGUER.

§ 235. *Verbes réguliers.*

Je suis retenu, *coerc eor, eris, itus sum, eri.*
Je suis épouvanté, *terr eor, eris, itus sum, eri.*
Je suis exercé, *exerc eor, eris, itus sum, eri.*
Je passe pour (je suis eu), *hab eor, eris, itus sum, eri.*
Je suis montré, *exhib eor, eris, itus sum, eri.*

Verbes irréguliers.

Je suis rempli, *impl eor, eris, etus sum, impleri.*

Je suis enseigné, *doc eor, eris, doctus sum, doceri.*

Je suis contenu, *contin eor, eris, contentus sum, contineri.*

Je suis compté, *recens eor, eris, recensus sum, recenseri.*

Je suis mêlé, *misc eor, eris, mistus sum, misceri.*

Je suis brûlé, *torr eor, eris, tostus sum, torreri.*

Je suis ému, *mov eor, eris, motus sum, moveri.*

Je suis absorbé, *absorb eor, eris, absorptus sum, absorberi.*

Je parais, je suis vu, *vid eor, eris, visus sum, videri.*

Je suis mordu, *mord eor, eris, morsus sum, morderi.*

Je suis nettoyé, *terg eor, eris, tersus sum, tergeri* (on dit aussi *tergor, eris*, etc., de la 3ᵉ conj.).

Je suis tordu, *torqu eor, eris, tortus sum, torqueri.*

Je suis augmenté, *aug eor, eris, auctus sum, augeri.*

Je suis tondu, *tond eor, eris, tonsus sum, tonderi.*

Je suis pressé, *urg eor, eris,* pas de parfait, *urgeri.*

§ 236. EXERCICES.

Tu es épouvanté. Il est retenu. Nous sommes exercés. Vous passez pour. Vous êtes montrés. Ils sont remplis. J'étais enseigné Tu étais contenu. Il était compté. Nous étions mêlés. Vous étiez brûlés. Ils étaient émus. Je fus absorbé. Tu as été, tu fus vu. Il a été mordu. Nous avons été, nous fûmes nettoyés. Ils ont été, ils furent tordus. J'avais été augmenté. Tu avais été tondu. Il avait été retenu. Nous avions été épouvantés. Vous aviez été exercés. Ils avaient passé pour. Je serai montré. Tu seras rempli. Il sera enseigné. Nous serons contenus. Vous serez comptés. Ils seront mêlés. J'aurai été brûlé. Tu auras été ému. Il aura été absorbé. Nous aurons été vus. Vous aurez été mordus. Ils auront été nettoyés. Sois tordu. Qu'il soit augmenté. Soyons tondus. Soyez pressés. Qu'ils soient retenus. Que je sois épouvanté. Que tu sois exercé. Qu'il passe pour. Que nous soyons montrés. Qu'ils soient remplis. Que je fusse *ou* je serais enseigné. Tu serais contenu. Qu'il fût compté. Que nous fussions *ou* nous serions mêlés. Vous seriez brûlés. Qu'ils fussent émus. Qus j'aie été absorbé. Qu'il ait été vu. Que nous ayons été mordus. Que vous ayez été nettoyés. Qu'ils aient été tondus. Que j'eusse *ou* j'aurais été augmenté. Que tu eusses été retenu Qu'il eût été épouvanté. Nous aurions été exercés. Que vous eussiez passé pour. Ils auraient été montrés. Être rempli. Avoir été enseigné. Devoir être contenu. Avoir dû être compté. Devant être mêlé. A être brûlé. Que nous eussions été émus. Qu'il fût pressé. Il aura été absorbé. Qu'il ait été mordu. Ils auraient été comptés. Ils auront été comptés. Cette femme (*hœc mulier*, fém.) est épouvantée, a été épouvantée. Ces femmes (*hœ mulieres*, fém.) sont épouvantées. Ce tonneau (*dolium, ii*, neut.) aura été rempli; qu'il ait été rempli. Ces tonneaux ont été remplis, auront été remplis; qu'ils aient été remplis. La colère (*ira*, fém.) était contenue, a été contenue, aura été contenue. Mes sœurs (*sorores meæ*, fém. plur.), vous avez été émues, vous serez émues, vous aurez été émues. Devant être exercé, exercés, exercées. Devoir être compté, comptée, comptés, comptées.

══════════════════════ ❦ ══════════════════════

§ 237.   TROISIÈME CONJUGAISON.

INDICATIF.

Présent.   or, eris *ou* ere, itur.
     imur, imini, untur.

Imparf.   ebar, ebaris *ou* ebare, ebatur.
     ebamur, ebamini, ebantur.

Parf.   tus, a, um sum *ou* fui, es *ou* fuisti, est *ou* fuit.
     ti, æ, a sumus *ou* fuimus, estis *ou* fuistis, sunt *ou* fuerunt.

Pl.-q.-parf. tus, a, um eram *ou* fueram, eras *ou* fueras, erat *ou* fuerat.
     ti, æ, a eramus *ou* fueramus, eratis *ou* fueratis, erant *ou* fuerant.

Fut.   ar, eris, etur.
     emur, emini, entur,

Fut. passé. tus, a, um ero, *ou* fuero, eris *ou* fueris, erit *ou* fuerit.
     ti, æ, a erimus *ou* fuerimus, eritis *ou* fueritis, erunt *ou* fuerint.

IMPÉRATIF.

Prés.   ere *ou* itor, itor (*ille*).
     amur, imini, untor.

SUBJONCTIF.

Présent.   ar, aris *ou* are, atur.
     amur, amini, antur.

Imparf.   erer, ereris *ou* erere, eretur.
     eremur, eremini, erentur.

Parf.   tus, a, um sim *ou* fuerim, sis *ou* fueris, sit *ou* fuerit.
     ti, æ, a simus *ou* fuerimus, sitis *ou* fueritis, sint *ou* fuerint.

Pl.-q.-parf. tus, a, um essem *ou* fuissem, esses *ou* fuisses, esset
ou fuisset.

ti, æ, a essemus *ou* fuissemus, essetis *ou* fuissetis,
essent *ou* fuissent.

INFINITIF.

Prés.   i.

Parf. et p.-q.-p. tum, tam, tum esse *ou* fuisse; tos, tas, ta esse
ou fuisse.

Futur.   tum iri (*indécl.*); endum, am, um esse (*décl.*); endos, as, a esse.

Fut. passé. endum, am, um; endos, as, a fuisse.

PARTICIPES.

Passé.   tus, ta, tum; ti, tæ, ta.
Fut.   endus, a, um; endi, dæ, da.

SUPIN.
tu.

§ 238.   VERBES A CONJUGUER.

Rappelez-vous que les verbes en *i, ior*, à cette conjugaison, font
eris et non *ieris*, à la seconde personne du singulier du présent de
l'indicatif : *dejiceris* et non *dejicieris*, tu es renversé; qu'ils font
aussi *crer, creris*, etc., à l'imparfait du subjonctif : *dejicerer*
et non *dejicierer*, je serais renversé; *dejicereris*, tu serais renversé, etc.

Je suis renversé, *dejic ior, dejiceris, dejectus sum,
dejici.*

Je suis aperçu, *conspic ior, conspiceris, conspectus
sum, conspici.*

Je suis percé, *confod ior, deris, confossus sum,
confodi.*

Je suis pris, *cap ior, caperis, captus sum, capi.*

Je suis secoué, *concut ior, concuteris, concussus
sum, concuti.*

Je suis accusé, *argu or, eris, argutus sum, argui.*

Je suis conduit, *duc or, duceris, ductus sum, duci.*

Je suis écrit, *scrib or, beris, scriptus sum, scribi.*

Je suis vaincu, *vinc or, eris, victus sum, vinci.*

Je suis reconnu, *agnosc or, agnosceris, agnitus sum, agnosci.*

Je suis saisi, *apprehend or, deris, apprehensus sum, apprehendi.*

Je suis émoussé, *retund or, deris, retusus sum, retundi.*

Je suis produit, *ed or, eris, editus sum, edi.*

Je suis rempli de (au fig.) ; (je suis répandu, arrosé), *perfund or, eris, perfusus sum, perfundi.* (— *gaudio,* être rempli de joie.)

Je suis fendu, divisé, *scind or, eris, scissus sum, scindi.*

Je suis offensé. *læd or, deris, læsus sum, lædi.*

Je suis accordé, *conced or, eris, concessus sum, concedi.*

Je suis joint, *jung or, eris, junctus sum, jungi.*

Je suis élevé, *erig or, eris, erectus sum, erigi.*

Je suis brisé, *frang or, eris, fractus sum, frangi.*

Je suis produit, *gign or, gigneris, genitus sum, gigni.*

Je suis renversé, *prostern or, eris, prostratus sum, prosterni.*

Je suis abandonné, *relinqu or, eris, relictus sum, relinqui.*

Je suis porté, *fer or, ferris, latus sum, ferri,* fut. *ferar, fereris,* imparf. du subj. *ferrer, rreris.*

§ 239.   EXERCICES.

Vous fûtes renversé. Pierre aura été aperçu. Nous aurions été percés. Tu es pris. Sois reconnu. Sois reconnue. Soyez reconnus, reconnues. Tu seras vaincu. Tu es saisi. Vous êtes saisis. Ils auront été secoués. Il sera écrit. Les lettres (*litteræ,* fém.) auront été écrites. Nous avons été reconnus. Ils ont été saisis. Que tu fusses émoussé. Le tranchant (*acies*, fém.) a été émoussé. Qu'il soit produit. Ils auraient été remplis de joie. Que nous ayons été divisés. Être offensé. Avoir été accordé. Devoir être joint. Devant être produit. A être renversé Nous avions été abandonnés. Tu es porté. Ils seront portés. Ils seraient portés. Que vous ayez été portés. Il sera émoussé. Ils ont été produits. Soyez abandonnés. Que tu aies été renversé. Que je sois reconnu. Je serais reconnu. Que tu sois conduit. Tu seras rempli. Il serait fendu. J'ai été accusé. A être accordé. Que je sois joint. Je serai joint. Tu seras brisé. Que tu sois brisé. Je serais élevé. Nous serions conduits. Ils eussent été produits. Il aura été écrit. Qu'il ait été renversé. Ils auront été portés. Qu'ils aient été brisés. Tu es aperçu. Tu seras aperçu. Des bienfaits (*beneficia*, pluriel neut.) ont été accordés, auront été accordés. Que les bienfaits aient été accordés ; qu'ils soient accordés, qu'ils fussent accordés ; qu'ils eussent été accordés. Je crois que ces livres ont été lus, *tournez* : je crois ces livres avoir été lus, *credo hos libros....* ; que ces lettres ont été lues, *tournez :* avoir été lues, *credo has litteras....* ; que ces ouvrages ont été lus, *tournez :* ces ouvrages avoir été lus, *hæc opera...* ; je crois que ces livres seront lus, *tournez :* ces livres devoir être lus, *hos libros.. .* ; que ces lettres seront lues, *has litteras....* ; que ces ouvrages seront lus, *hæc opera....* ; je crois que ces livres auront été lus, *tournez :* ces livres avoir dû être lus, *credo hos libros...* ; que ces lettres auront été lues, *tournez :* avoir dû être lues, *has litteras...* ; que ces ouvrages auront été lus, *hæc opera...* Je vous envoie des livres à lire, *tournez :* devant être lus, *mitto tibi libros...* Je vous envoie ces lettres à lire, ces ouvrages à lire, *mitto tibi....* Je me sers des livres qu'on doit lire, *tournez :* devant être lus, *utor libris...*

§ 240.   QUATRIÈME CONJUGAISON.

INDICATIF.

Prés.   ior, iris *ou* ire, itur.
imur, imini, iuntur.

Imparf.   iebar, iebaris, iebatur.
iebamur, iebamini, iebantur.

Parf.   itus, a, um sum *ou* fui, es *ou* fuisti, est *ou* fuit.
iti, æ, a sumus *ou* fuimus, estis *ou* fuistis, sunt *ou* fuerunt.

Plus-q.-p.   itus, a, um eram *ou* fueram, eras *ou* fueras, erat *ou* fuerat.
iti, æ, a eramus *ou* fueramus, eratis *ou* fueratis, erant *ou* fuerant.

Futur.   iar, ieris, ietur.
iemur, iemini, ientur.

Fut. passé.   itus, a, um ero *ou* fuero, eris *ou* fueris, erit *ou* fuerit.
iti, æ, a erimus *ou* fuerimus, eritis *ou* fueritis, erunt *ou* fuerint.

IMPÉRATIF.

Prés.   ire *ou* itor, itor (ille).
iamur, imini, iuntor.

SUBJONCTIF.

Prés.   iar, iaris *ou* iare, iatur.
iamur, iamini, iantur.

Imparf.   irer, ireris *ou* irere, iretur.
iremur, iremini, irentur.

Parf.   itus, a, um sim *ou* fuerim, sis *ou* fueris, sit *ou* fuerit.
iti, æ, a simus *ou* fuerimus, sitis *ou* fueritis, sint *ou* fuerint.

Plus-q.-p.   itus, a, um essem *ou* fuissem, esses *ou* fuisses, esset *ou* fuisset.
iti, æ, a essemus *ou* fuissemus, essetis *ou* fuissetis, essent *ou* fuissent.

INFINITIF.

Prés. iri.

Parf. et plus-q.-p. itum, itam, itum esse *ou* fuisse; itos, itas, ita esse *ou* fuisse.

Fut. itum iri (*indécl.*), iendum, am, um esse (*décl.*); iendos, as, a esse.

Fut. passé. iendum, am, um fuisse; iendos, as, a fuisse.

PARTICIPES.

Passé. itus, a. um; iti, æ, a.
Fut. iendus, a, um; iendi, æ, a.

SUPIN.

itu.

§ 241.   VERBES A CONJUGUER.

Je suis fortifié, *mun ior*, *iris*, *itus sum*, *iri.*
Je suis assaisonné, *cond ior*, *iris*, *itus sum*, *iri.*
Je suis frotté de, *lin ior*, *iris*, *lin itus sum*, *iri.*
Je suis puni, *pun ior*, *iris*, *itus sum*, *iri.*
Je suis lié, *vinc ior*, *iris*, *vinctus sum*, *vinciri.*
Je suis enveloppé, *amic ior*, *amictus sum*, *ciri.*
Je suis cousu, réparé, *sarc ior*, *iris*, *sartus sum*, *ciri.*
Je suis puisé, *haur ior*, *iris*, *haustus sum*, *iri.*
Je suis ouvert, *aper ior*, *iris*, *apertus sum*, *iri.*
Je suis trouvé, *reper ior*, *iris*, *repertus sum*, *iri.*
Je suis enseveli, *sepel ior*, *iris*, *sepultus sum*, *iri.*
Je suis rempli, *referc ior*, *iris*, *refertus sum*, *iri.*

§ 242.   EXERCICES.

Tu es fortifié. Tu seras assaisonné. Les mets (*dapes*, fém. plur.) ont été assaisonnés, auront été assaisonnés. Que les mets aient été assaisonnés. Que tu sois frotté de. Nous aurons été punis. Que nous ayons été liés. Je serais enveloppé. Que je sois cousu. Tu seras puisé. Que tu sois ouvert. Sois trouvé. Il aura été enseveli. Qu'il ait été rempli. Je serais fortifié. Que je fusse lié. Je serai ouvert. Nous serions trouvés. Nous serons trouvés. Être enseveli. Avoir été enveloppé. Devoir être rempli. Les théâtres (*theatra*, plur. neut.) avaient été remplis, étaient remplis, seront remplis, auront été remplis, seraient remplis, auraient été, eussent été remplis. A être puni. Devant être réparé. Que nous eussions été punis. Nous aurions été trouvés. Vous auriez été ensevelis. Que nous soyons fortifiés. Nous serions remplis. Que tu fusses lié. Tu seras trouvé. Tu serais puisé. Il aura été ouvert. Il aurait été ouvert, enseveli, trouvé. Qu'ils eussent été fortifiés, assaisonnés, frottés de. Nous serions ensevelis, trouvés, enveloppés. Nous serons ensevelis, trouvés, enveloppés. Qu'ils aient été ouverts, remplis, cousus. Ils auront été ouverts, remplis, réparés. Tu seras fortifié, puni, attaché. Que tu soies fortifié, puni, attaché. Que vous soyez fortifiés, punis, attachés. Que les vices (*vitia*, plur. neut.) aient été punis. Les portes (*januæ*, fém. plur.) auraient été ouvertes, auront été ouvertes, seront ouvertes. Mes sœurs, vous avez été entendues. Mes frères, vous avez été punis. Esclaves (*mancipia*, plur. neut.), vous avez été punis. Je crois que mes frères ont été entendus, *tournez :* je crois mes frères avoir été entendus, *credo meos fratres...* Je crois que mes sœurs ont été entendues, *tournez :* avoir été entendues, *credo meas sorores...* ; que les vices ont été punis, *tournez :* avoir été punis, *credo vitia...* Je crois que mes frères seront entendus, *tournez :* je crois mes frères devoir être entendus, *credo fratres meos...*, que mes sœurs seront entendues... ; que les vices seront punis.... Je crois que mes frères auront été entendus, *tournez :* je crois mes frères avoir dû être entendus, *credo fratres meos...* ; que mes sœurs auront été entendues... ; que les vices auront été punis.

§ 243.   VERBES DÉPONENTS.

Les verbes *déponents* ont la *signification active* et la *forme passive*, c'est-à-dire qu'ils se conjuguent pour le latin comme les *verbes passifs*, et pour le français comme les *verbes actifs*. Il faudra donc consulter le tableau de la conjugaison passive pour traduire les exercices suivants.

On remarquera que ces verbes ayant la signification active, ont pour la plupart, à l'infinitif, des futurs, des participes, des gérondifs actifs, le supin actif et le supin passif, comme : *imitaturum esse*, devoir imiter ; *imitaturum fuisse*, avoir dû imiter ; *imitans*, imitant ; *imitaturus*, devant imiter ; *imitandus*, devant être imité ; *imitatus*, ayant imité ; *imitatum*, à imiter ; *imitatu*, à être imité ; *imitandi*, d'imiter ; *imitando*, en imitant.

Les temps simples et composés des verbes déponents se forment de la même manière que ceux des verbes passifs. — Pour trouver le prétérit d'un verbe déponent, il faut lui supposer un actif, et voir quels seraient le prétérit et le supin de cet actif. Ainsi, *vereor* ferait *uereo ; verui*, *veritum ;* d'où le parfait *veritus sum*, etc.

§ 244.   VERBES A CONJUGUER.

Première conjugaison.

Se réjouir, *læt or*, *aris*, *atus sum*, *ari.*
Dominer, *domin or*, *aris*, *atus sum*, *ari.*
Féliciter, *gratul or*, *aris*, *atus sum*, *ari.*
Se fâcher, *stomach or*, *aris*, *atus sum*, *ari.*
Flatter, *adul or*, *aris*, *atus sum*, *ari.*
Tarder, *mor or*, *aris*, *atus sum*, *ari.*
Acheter, *merc or*, *aris*, *atus sum*, *ari.*

Seconde conjugaison.

Craindre, *ver eor*, *eris*, *itus sum*, *eri.*
Promettre, *pollic eor*, *eris*, *itus sum*, *eri.*

Mériter, *mer eor, eris, itus sum, eri.*
Défendre, *tu eor, eris, itus sum, eri.*

Troisième conjugaison.

Embrasser, *amplect or, eris, amplexus sum, amplecti.*
S'acquitter, *fung or, eris, functus sum, fungi.*
Se mettre en colère, *irasc or, eris, iratus sum, irasci.*

Quatrième conjugaison.

Flatter, *bland ior, iris, itus sum, iri.*
Mentir, *ment ior, iris, itus sum, iri.*
Avoir par le sort, obtenir, *sort ior, iris, itus sum, iri.*

§ 245. *Exceptions.*

Penser, *re.or, reris, ratus sum, reri.*

Ratus, a, um, pensant. *Ratum esse* ou *fuisse,* avoir pensé.
(Inusité aux autres temps de l'infinitif.)

Avoir pitié, *miser eor, eris, ertus sum, reri.*
Confesser, *confit eor, eris, confessus sum, confiteri.*
Parler, *loqu or, eris, cutus sum, loqui.*
Se plaindre, *quer or, quer eris, questus sum, queri.*
S'efforcer, *nit or, eris, nisus* ou *nixus sum, niti.*
Jouir, *fru or, eris, fruitus sum* ou *fructus sum, frui.*
Glisser, *lab or, eris, lapsus sum, labi.*
Naître, *nasc·or, eris, natus sum, nasci (nasciturus,* part. futur).
Acquérir, *adipisc or, eris, adeptus sum, adipisci.*
Se venger, *ulcisc·or, eris, ultus sum, ulcisci.*
Trouver, *nancisc or, eris, nactus sum, nancisci.*
S'éveiller, *expergisc or, eris, experrectus sum, expergisci.*

Partir, *proficisc or, eris, profectus sum, proficisci.*

Oublier, *oblivisc or, eris, oblitus sum, oblivisci.*

Inventer, imaginer, *comminisc or, eris, commentus sum, comminisci.*

Marcher, *grad ior, graderis, gressus sum, gradi.*

Souffrir, *pat ior, pat eris, passus sum, pati.*

Mourir, *mor ior, mor eris, mortuus sum, mori.*

Éprouver, *exper ior, iris, expertus sum, experiri.*

Commencer, *exord ior, iris, exorsus sum, exordiri.*

Mesurer, *met ior, iris, mensus sum, metiri.*

Se lever, *or ior, eris, ortus sum, oriri* (imp. du subj. *orirer*, mieux que *orerer*.)

§ 246.   EXERCICES.

Je me réjouis. Tu domines. Il félicite. Nous nous fâchons. Vous flattez. Ils tardent. —J'achetais. Tu craignais. Il promettait. Nous méritions. Vous défendiez. Ils embrassaient. —Je m'acquittai *ou* je me suis, je me fus acquitté. Tu te mis *ou* tu t'es mis en colère. Il flatta *ou* il a, il eut flatté. Nous mentîmes *ou* nous avons, nous eûmes menti. Vous avez eu *ou* vous eûtes par le sort (vous avez obtenu). Ils ont pensé *ou* ils pensèrent. — J'avais pitié. Tu avais confessé. Il avait parlé. Nous nous étions plaints. Vous vous étiez efforcés. Ils avaient joui. — Je glisserai. Tu naîtras. Il acquerra. Nous nous vengerons. Vous trouverez. Ils s'éveilleront. — Je serai parti. Tu auras oublié. Il aura inventé *ou* imaginé. Nous aurons marché. Vous aurez souffert. Ils seront morts. Éprouve. Qu'il commence. Que nous mesurions. Levez-vous. Qu'ils se réjouissent. — Que je domine. Que tu félicites. Qu'il se fâche. Que nous flattions. Que vous tardiez. Qu'ils achètent. — Que je craignisse *ou* je craindrais. Que tu promisses *ou* tu promettrais. Qu'il méritât *ou* il mériterait. Que nous défendissions *ou* nous défendrions. Que vous embrassassiez *ou* vous embrasseriez. Qu'ils s'acquittassent *ou* ils s'acquitteraient. — Que je me sois mis en colère. Que tu aies flatté. Qu'il ait menti. Que nous ayons par le sort *ou* que nous ayons obtenu. Que vous ayez pensé. Qu'ils aient pitié. — Que j'eusse *ou* j'aurais confessé. Que tu eusses parlé. Qu'il se fût *ou* il se serait plaint. Que nous nous fussions *ou* nous nous serions efforcés. Que vous eussiez *ou* vous auriez joui. Qu'ils eussent *ou* ils auraient glissé. — Naître. — Avoir acquis. — Devoir se venger. Avoir dû trouver. — S'éveillant. Étant parti. Devant oublier. Devant être souffert. — A éprouver. A être mesuré. — D'inventer *ou* d'imaginer. En marchant. A *ou* pour mourir.

§ 247. EXERCICES MÊLÉS.

Je me réjouirai. Nous nous fâchons. J'avais craint. Que je promette. Il aura embrassé. Qu'il ait embrassé. Il s'acquitterait. Il se serait acquitté. Nous nous étions mis en colère. Devoir flatter. Ils avaient menti. Nous avons eu, nous eûmes par le sort. Il pensait. Il aura pitié. Il aura eu pitié. Qu'il ait pitié. De confesser. Confessant. Ayant parlé. Devant se plaindre. Qu'il se fût efforcé. Qu'ils jouissent. Jouissez. Ils avaient joui. A glisser. Ils étaient nés. Ils se sont vengés. Ils auront trouvé. Qu'ils aient trouvé. Nous nous éveillions. Nous nous étions éveillés. Que nous nous éveillions. Devoir partir. J'inventerais. Ils auront inventé. Marche. Marchez. Marcher. Devant marcher. Tu souffres. Tu meurs. Nous souffririons. Vous mourriez. Vous mouriez. Il mourrait. Il meurt. Je mourrai. Que je meure. Tu éprouveras. Que tu éprouves. Je commencerais. Ils auraient commencé. Ayant mesuré. Devant mesurer. De mesurer. Ils se lèveront. Ils se seront levés. Qu'ils se soient levés. Qu'ils se lèvent. En se levant. Devant se lever. S'être éveillé. Avoir joui. Se venger.

S'être vengé. Tu marches. Ils ont été liés. Le poëte (*poeta*, masc.) a inventé. Cette femme se sera réjouie. L'esclave (*mancipium*, neut.) s'est plaint. Tes frères ont inventé. Les hommes souffriront, souffriraient, auront souffert, auraient souffert. Les laboureurs (*agricola*, *æ*, masc.) ont mesuré, mesureraient. Soldat (*miles*), marche au combat (*ad*, régit l'accus...; *pugna*, *æ*). Tu meurs, tu mourras, tu mourrais, meurs pour ta patrie (*pro*, régit l'ablat...; *patria*, *æ*). Vos sœurs se sont éveillées, se seront éveillées, s'éveilleront; qu'elles se soient éveillées. La lune (*luna*, fém.) se lève, s'est levée, se lèvera, se sera levée. Je crois que votre frère se vengera; *tournez :* je crois votre frère devoir se venger, *credo tuum fratrem....*; que vos sœurs se vengeront, *tuas sorores* (devoir se venger)...; que les esclaves se vengeront, *mancipia* (devoir se venger)... Je crois que vos frères auront éprouvé, *tournez :* je crois vos frères avoir dû éprouver, *credo fratres tuos...*; que vos sœurs auront éprouvé...

SUPPLÉMENT AUX VERBES.

Verbes irréguliers.

§ 248. *N. B.* Nous ne donnons ici que les temps irréguliers.

Quatre verbes, *Dico*, je dis; *duco*, je conduis; *facio*, je fais, *fero*, je porte, font à l'impératif *dic*, *duc*, *fac*, *fer*. Il en est de même de leurs composés : *Educ*, *effer*. Il faut excepter cependant les composés de *facere*, dans lesquels *a* se change en *i*, comme *conficio*, *confice*, achève; mais on dit *calefacio*, *calefac*, échauffe, etc.

Les verbes employés dans ces exercices gouvernent l'accusatif, excepté *benedico* et *maledico*, qui régissent le datif.

. EXERCICES.

Pierre, *Petrus*, *i* (doit se mettre au vocatif), apporte ce fardeau, *fero*, *fers*, *hic*, *hæc*, *hoc onus*, *oneris*, neut. Dis, *dico*, *is*, la vérité, *verum*, *veri*. Fais, *facio*, *is*, cela, *illud*. Amène, *adduco*, *cis*, cet homme. Achève, *conficio*, ton travail, *opus*, *eris*, neut. Échauffe, *calefacio*, *is*, la chambre, *conclave*, *is*, neut. Ne médis, *ne maledico*, *is* (régit le datif), de personne, *quisquam*, *cujusquam*. Pénètre ton âme, *inficio*, *is*, *animum*, de bonnes connaissances, *boni*, *æ*, *a*, *artes*, *artium*, à l'abl. Tire, *educo*, *cis*, l'épée, *gladius*, *ii*, du, *e* (régit l'ablat.), fourreau, *vagina*, *æ*. Dis du bien, *benedico*, *is*, (régit le datif), même, *etiam*, de tes ennemis, *inimicus*, *ci*. Supporte, *perfero*, *fers* (régit l'acc.), la douleur, *dolor*, *is*, avec constance, *constanter*.

GAUDEO, ÉS, EBAM, GAVISUS SUM.

§ 249. — Indicatif. *Parf. Sing.* Gavisus, a, um sum *ou* fui, *je me suis réjoui, ie*, etc. — *Plur.* Gavisi, æ, a sumus *ou* fuimus, *nous nous sommes réjouis, ies*, etc. — *Pl.-q.-p.* Gavisus eram *ou* fueram, *je m'étais réjoui*, etc. — *Fut. passé.* Gavisus ero *ou* fuero, *je me serai réjoui*, etc.

Subjonctif. *Parf.* Gavisus sim *ou* fuerim, *que je me sois réjoui*, etc. — *Pl.-q.-p.* Gavisus essem *ou* fuissem, *que je me fusse ou je me serais réjoui*, etc.

Infinitif. *Parf.* Gavisum, am, um, os, as, a esse *ou* fuisse, *s'être réjoui*. — *Fut.* Gavisurum, am, um esse, *devoir se réjouir*. — *Fut. p.* Gavisurum fuisse, *avoir dû se réjouir*.

Participe *passé*. Gavisus, a, um, *s'étant réjoui, ie*.

Supin. Gavisum, *à se réjouir*. — Gavisu, *à s'être réjoui*.

Conjuguez de même : *Audeo, es, ausus sum, audere*, oser. — *Soleo, es, solitus sum, solere*, avoir coutume. — *Mœreo, es, mæstus sum, mœrere*, être triste. — *Soleo* et *solitus sum*, signifient j'ai coutume. *Solebam, solitus eram*, j'avais coutume. *Mœreo, mæstus sum*, je suis triste ; *mœrebam, mæstus eram*, j'étais triste. Ces verbes n'ont point de supin. (*Odi*, haïr, fait aussi *osus sum*. Voyez ci-après.)

N. B. On trouve aussi *fidi* et *fisus sum*, de *fido*, se fier. Ainsi que *cœnatus*, ayant soupé, de *cœno, as, avi.*—*Pransus*, ayant dîné, de *prandeo, es, di.*—*Potus*, ayant bu, de *poto, as, avi.*—*Nupta*, s'étant mariée, de *nubo, is, psi.*—*Juratus*, ayant juré, de *juro, as, avi.*

§ 250.   EXERCICES.

Je me serai réjoui. Les soldats auront osé. Mon père avait coutume. Mes frères avaient eu coutume. Ma mère se sera réjouie. Mes sœurs se seront réjouies, se réjouiront. Ma sœur, tu as eu coutume. Ils avaient été affligés. Ils ont osé. Nous nous serions réjouis. Ils avaient coutume. Vous étiez tristes. Que je me sois réjoui. Que nous ayons osé. Que mes sœurs aient osé. Que vous eussiez osé. Ils auraient, ils eussent coutume. Cette femme aurait eu coutume. Devoir se réjouir. A se réjouir. J'ai osé *ou* j'osai. S'être réjoui. Avoir osé. Je vous dis que mes frères, *tibi dico fratres meos*, ont osé, *tournez :* avoir osé...; ont coutume, *tournez :* avoir coutume... ; ont eu coutume, *tournez :* avoir eu coutume. Ma mère ayant osé, ayant coutume, s'étant réjouie. Je crois que mes frères, *credo fratres meos*, se réjouiront, *tournez :* devoir se réjouir...; que ma mère, *matrem meam*, se réjouira, *tournez :* devoir se réjouir...; se sera réjouie, *tournez :* avoir dû se réjouir...; que mes sœurs, *sorores meas*, se seront réjouies, *tournez :* avoir dû se réjouir.

Mon père ayant soupé. Ma mère ayant dîné. Cet homme ayant bu. Cette femme s'étant mariée. Les témoins (*testis, is*, masc.) ayant juré. Les convives (*conviva, œ*, masc.) ayant soupé. Les soldats ayant dîné, etc.

§ 251.   FERO

ET SES COMPOSÉS.

Voix active. Fero, fers, fert; ferimus, fertis, ferunt. — Fere-bam. — Tuli. — Tuleram. — Feram, es. = Fer, ferto; feramus, ferte, fertote, ferunto. = Feram, as. — Ferrem, es. — Tulerim. — Tulissem. = Ferre. — Tulisse. — Laturum, am esse, *devoir porter*, — fuisse, *avoir dû porter.* — Laturus, a, um. — Latum. — Ferendi, do, dum.

Voix passive. Feror, ferris *ou* ferre, fertur; ferimur, ferimini, feruntur. — Ferebar. — Latus sum *ou* fui. — Latus eram *ou* fueram. — Ferar, fereris. — Latus ero *ou* fuero. = Ferre *ou* fertor; feramur, ferimini, feruntor. = Ferar, aris. — Ferrer, eris. — Latus sim *ou* fuerim. — Latus essem *ou* fuissem. = Ferri. — Latum esse *ou* fuisse. — Latum iri *ou* ferendum, am, um esse, *devoir être porté, ée*; ferendum, am, um fuisse, *avoir dû être porté, ée.* (*Au pluriel*, latum iri, *ou* ferendos, as, a esse, *devoir être portés*; ferendos, as, a fuisse, *avoir dû être portés, portées.*) — Latus, a, um. — Ferendus, a, um. — Latu.

Conjuguez ainsi :

Offero, offers, obtuli, oblatum, offerre, *offrir.* Affero, attuli, allatum, afferre, *apporter.* Effero, extuli, elatum, efferre, *porter dehors, emporter.* Confero, contuli, collatum, conferre, *contribuer.* Aufero, abstuli, ablatum, auferre, *ôter, enlever.* Suffero, sustuli, sublatum, sufferre, *supporter.* Refero, retuli, relatum, referre, *rapporter.* Differo, distuli, dilatum, differre, *différer.*

§ 252.   EXERCICES.

J'offre, je suis offert. Tu offres, tu es offert. Il apporte, il est apporté. Nous emportons, nous sommes emportés. Vous contribuez. Vous êtes enlevés. Ils supportent, ils sont supportés. — J'ai rapporté. J'ai été rapporté. Tu as différé. Il a contribué. Il a été offert. Elle a été apportée. Nous avons emporté. Vous avez été emportés. Ils ont contribué. Ces choses (*hæc*, pl.

neut.) ont été enlevées. — J'avais supporté. J'avais été offert. Tu avais apporté. Elle avait été emportée. Nous avions contribué. Vous aviez enlevé. Nous avions été supportés, rapportés. — Je différerai. Tu offriras. Je serai apporté. Tu seras emportée. — Contribue. Contribuez. Sois enlevé. Soyez supportés. — Que je rapporte. Que tu différes. Que je sois offert. Que tu sois apporté. — Je rapporterai, tu rapporteras. Je serai offert, tu offriras. — J'offrirais, tu offrirais. Je serais rapporté, tu serais rapporté. — Que j'aie enlevé. Que j'aie été enlevé. Que tu aies emporté. Que tu aies été emporté. — Tu auras enlevé. Tu auras été enlevé. — J'aurais enlevé. Il aurait été emporté. — Avoir différé. Avoir été offert. Devoir contribuer. Devoir être apporté. A différer. A être apporté. De porter. Devant offrir. Devant être rapporté. — Je crois que les livres, *credo libros*, seront apportés, *tournez :* devoir être apportés...; auront été apportés, *tournez :* avoir dû être apportés...; que mes frères apporteront, *tournez :* mes frères devoir apporter, *fratres meos...;* auront apporté, *tournez :* avoir dû apporter...; que mes sœurs apporteront, *sorores meas...,* auront apporté... Je crois que les livres ont été apportés, *tournez :* les livres avoir été apportés, *credo libros...;* que les lettres ont été apportées, *litteras...;* que les fruits ont été apportés, *poma...;* auront été apportés...

⊷⊷⊷⊷⊷⊷⊷⊷⊷⊷⊷⊷⊷⊷⊷◉⊶⊶⊶⊶⊶⊶⊶⊶⊶⊶⊶⊶

§ 253.   EO

ET SES COMPOSÉS.

Eo, is, it; imus, itis, eunt. Ibam. Ivi. Iveram. Ibo. Ivero. = I *ou* ito ; eamus, ite *ou* itote, eunto. = Eam, eas. Irem. Iverim. Ivissem. = Ire. Ivisse. Iturum, am, um esse; ituros, as, a, esse, *devoir aller.* Iturum, am, um fuisse; ituros, as, a fuisse, *avoir dû aller.* Iens, euntis. Iturus, a, um. Itum, itu. Eundi, do, dum.

§ 254.   Conjuguez sur *eo*.

Ex-eo, is, ivi *ou* ii, itum, ire, *sortir*.—Per-eo, is, ii (*rar.* ivi),
itum, ire, *périr*, *être perdu* : — Red-eo, is, ivi *ou* ii, itum, ire,
revenir.—Ad-eo, is, ivi *ou* ii, itum, ire, *aller trouver*, *aborder
quelqu'un.* — Trans-eo, is, ivi *ou* ii, itum, ire, *traverser.*—
Præter-eo, is, ivi *ou* ii, itum, ire, *passer outre ou auprès.* In-eo,
is, ivi *ou* ii, itum, ire, *entrer dans.* Ante-eo, is, ivi (ii *paraît peu usité*), itum, *aller devant* —Circum-eo, is, ivi, ii,
itum, ire, *aller autour, entourer.* (*Ce verbe retranche quelquefois* m : Circueo, is, ivi, itum, ire.)

§ 255.—Ven-eo, is, ven-ibam *et* iebam, ven-ii, venieram,
ven-ibo *et* ven-iam, ven-iero, ven-ire, *être vendu.*—Qu-eo, is,
ivi. (*Pas d'impératif.*) *Subjonc.* queam, quirem, quiverim, qui-
vissem. *Infinit.* qu-ire, ivisse, *pouvoir. De même*, nequ-eo, *ne
pouvoir pas.*

§ 256.—(Venio, is, veni, isti, veniam, es, venero, venerim
(*parf. subj.*), venissem, es, ventum, venire, *venir, se conjugue
sur* audio.) Ambio, is, ivi, ii (*Fut.* ambiam, es; iero, is), itum,
ire, *participe*, ambiens, ambientis, *aller autour, entourer, suit
aussi la quatrième conjugaison.* (*On trouve quelquefois à l'imparf.* ambibam.)

N. B. Pour conjuguer les exercices suivants, rappelez-vous
que beaucoup de verbes neutres se conjuguent avec le verbe *être*,
qui remplace alors le verbe *avoir.* Ex : être sorti, *pour* avoir sorti.
Je serai venu , *pour* j'aurai venu, etc.

§ 257.   EXERCICES.

J'ai péri *ou* je suis perdu. Devoir se perdre *ou* avoir
dû périr. Nous sommes perdus *ou* nous périssons. Tu
sors. Je périssais *ou* j'étais perdu. Je reviendrai. Nous
irons trouver. Vous traverserez. Ils passeront outre *ou*
auprès. Je serai entré dans. Entre, entrons, entrez,
qu'ils entrent dans. Que j'aille devant. Sortir. Être sorti.
Devoir périr *ou* devoir se perdre. Avoir dû revenir.
Allant trouver. De celui, à celui qui va trouver, qui
traverse, qui entre dans, qui passe outre. Revenant,

traversant. A celui qui revient, qui traverse. Devànt entrer dans. D'aller devant. De traverser. A traverser. A être traversé. Que je sorte. Que je sois sorti. Je serai sorti. Je sortirai. Je sortirais. Je serais sorti. Que j'allasse trouver ou que j'abordasse. Que je fusse allé trouver *ou* que j'eusse abordé. Devant périr *ou* devant se perdre. Devoir se perdre *ou* avoir dû périr. Que nous fussions revenus. Que nous eussions traversé. Périr *ou* être perdu. Avoir péri *ou* avoir été perdu. Vous seriez allés devant. Je vais devant. Nous irons devant. Vous périrez *ou* vous serez perdus. Du lion, *leo, leonis;* de la lionne, *lœna, œ;* de la bête de somme, *jumentum, i* (neutre), allant, traversant, revenant, entrant, passant auprès. Le lion, la lionne, la bête de somme allant, traversant, revenant, passant auprès, entrant. J'ai vu (*vidi*, régit l'accus.) le lion, la lionne entrant, traversant, passant auprès, revenant; la bête de somme passant auprès, revenant, allant, entrant, allant devant, traversant.

§ 258.—Je suis, tu es vendu. Nous étions vendus. J'ai été, tu as été vendu. J'avais été vendu, nous avions été vendus. Je serai, tu seras vendu. J'aurai, tu auras été vendu. Que je sois, qu'il soit vendu. Je serais, tu serais vendu. Que j'aie été, qu'il ait été vendu. J'aurais été vendu. Être vendu. Avoir été vendu.

Je pourrai. Je n'ai pu. J'aurai pu. Que je puisse. Nous ne pourrions. Que j'aie pu. Avoir pu. Ne pouvoir. Je n'aurais pu. Vous ne pourrez pas. Vous ne pourriez pas. Vous n'aurez pas pu. Vous n'auriez pas pu. Que vous n'ayez pas pu.

§ 259.—Tu viens. Tu es venu. Je venais. J'étais venu. Je viendrai. Tu viendras. Je serai venu. Viens. Que je vienne. Que tu viennes. Que je sois, que tu sois venu. Je viendrais. Je serais venu. Être venu. Venir. Devoir venir.—J'irai autour. Allant autour. Du lion allant autour. Nous serons allés autour. Nous irons autour. Nous irions autour. D'aller autour. Être allé autour.

§ 260. — Je crois que mon frère, *credo fratrem meum*, sera allé, *tournez :* avoir dû aller...; que ma sœur aura traversé, *tournez :* avoir dû traverser... Je crois que les chariots, *credo plaustra*, viendront, *tournez :* devoir venir...; seront venus, *tournez :* avoir dû venir...; sont venus, *tournez :* être venus...; ont été vendus, *tournez :* avoir été vendus...; viennent, *tournez :* venir...; sont vendus, *tournez :* être vendus. — Les chevaux, *equus, i*, viendront..., seront vendus..., seront venus..., auront été vendus..., qu'ils soient venus..., qu'ils aient été vendus.

FIO.

§ 261. — Fio, fis. Fiebam. Factus sum *ou* fui. Factus eram. Fiam, es. Factus ero *ou* fuero. Fi, fite *ou* fitote. Fiam, fias. Fierem. Factus sim *ou* fuerim. Factus essem, fuissem. Fieri. Factum esse, fuisse. Factum iri *ou* faciendum esse, fuisse. Factus. Faciendus. Factu. *Pas de gérondif.*

§ 262.   EXERCICES.

Nous devenons *ou* nous sommes faits. Tu étais fait. Il devenait. Je suis devenu. Vous êtes devenus. Je serai fait. Ils deviendront. Qu'ils deviennent. Qu'il soit fait. Deviens. Que nous soyons faits. Que nous fussions devenus. Que nous devinssions. Ils seraient faits. Ils seraient devenus. Nous eussions été faits. Être fait. Être devenu. A devenir. Devant être fait. Je serai devenu. Il aura été fait. Que vous devinssiez.

§ 263.   *Verbes composés.*

Les composés de *facio* qui retiennent *a*, comme *calefacio*, échauffer, se conjuguent au passif avec *fio*. Ex. : *Calefio*, je suis échauffé. Ceux qui changent *a* en *i*, comme *perficio* (pour *perfacio*), font au passif *ficior* : *perficior, ceris, citur*, etc.

Verbes employés dans les exercices.

Calefacio, *échauffer*. Arefacio, *sécher* (*faire sécher*). Madefacio, *mouiller*.—Perficio, *achever*. Interficio, *tuer*. Efficio, *faire*.

§ 264.   EXERCICES.

Ils étaient échauffés. Ils séchaient (*dans le sens neutre, c'est-à-dire* ils étaient séchés). Que nous soyons mouillés. Ils étaient achevés. Ils seront tués. Que nous soyons faits. Ils échaufferont; ils seront échauffés. Ils tueront; ils seront tués. Que je sèche (*sens actif*); que je sèche (*sens neutre, c'est-à dire* que je sois séché). Ils échaufferont; ils seront échauffés. Ils achèveront; ils seront achevés. Il aura échauffé; il aura été échauffé; qu'il ait échauffé; qu'il ait été échauffé. Être achevé, être séché. Que tu fasses sécher. Vous étiez échauffés.

§ 265.   VOLO, NOLO, MALO.

Volo, vis, vult; volumus, vultis, volunt. Nolo, non vis, non vult; nolumus, non vultis, nolunt.

Malo, mavis, mavult; malumus, mavultis, malunt.

Volebam, etc. Nolebam, etc. Malebam, etc., *régulièrement*. Volui, volueram. Volam, es, etc. *Au lieu du futur* volam, nolam, malam, voles, noles, *etc., on se sert plutôt de* velim, nolim, malim, *prés. du subjonctif, qui sert aussi à traduire l'impératif, usité seulement dans le verbe* nolo : noli *ou* nolito, nolito (ille); nolimus, nolite *ou* nolitote, nolunto. (Volo *et* malo *n'ont pas d'impératif.*) Velim, is, Nolim, is, Malim, is, *servent aussi à traduire le conditionnel :* Vellem, nollem, mallem, es, *je voudrais*

7.

je ne voudrais pas, j'aimerais mieux. — *Parf.* Voluerim, *etc.*
— *Pl.-q.-p.* Voluissem, *etc.*

Velle, voluisse, volens. — Nolle, noluisse. — Malle, maluisse.
Nolens *se prend adjectivement.* Malens *est inusité.*

§ 266.   **EXERCICES.**

Il veut. Tu ne veux pas. Tu aimes mieux. Il ne
veut pas. Il aime mieux. Nous ne voulons pas. Ils
veulent. Vous aimez mieux. Vous ne voulez pas. Tu
veux. Ne veuille pas. Je voudrai. Je voudrais. Je ne
voudrai pas. Je ne voudrais pas. Que j'aie voulu. Tu
n'auras pas voulu. Vouloir. Avoir mieux aimé. Il ai-
merait mieux. Ils aiment mieux. Ils ne veulent pas.
Tu veux. Vous aimeriez mieux. Nous eussions voulu.
Qu'ils aient mieux aimé. Vous ne voulez pas. Aimer
mieux. Ne pas vouloir. Que tu aimes mieux. Il ne
voudrait, il ne voudra pas. Que j'eusse voulu. Vous
auriez mieux aimé. N'avoir pas voulu. Qu'il ait voulu.
Il n'aura pas voulu.

---

§ 267.   **POSSUM *et* PROSUM.**

Pos-sum change *s* en *t* devant les voyelles, comme *Pot-es.*
Pro-sum prend un *d*, comme *prod-es Pos-sumus. Pro-sumus.*
Pot-estis. Pro-destis. Pos-sunt. Pro-sunt. Pot-eram. Prod-
eram. Pot-ui. Pro-fui, etc. (*Possum* n'a point d'impératif, point
de participe du futur ; mais on dit *Prodes, to, profuturus,* etc.)

§ 268.   **EXERCICES.**

Nous pouvons. Vous servez à. Tu sers à. Tu peux.
Vous pouviez. Vous serviez à. Ils peuvent. Je servais.
Tu pouvais. Nous pouvions. Ils servaient. Je pourrai. Tu serviras. Vous pourrez. Ils serviront. J'aurai
servi. Tu auras pu. J'avais pu. Il avait servi. Sers.

Que je puisse. Que nous servions. Il pourrait. Je servirais. Nous pourrions. Que nous ayons pu. Que j'aie servi. Tu auras pu. Que tu aies servi. Nous eussions *ou* nous aurions pu. Ils auraient servi. Pouvoir. Avoir servi. Devant servir. Sers. Qu'ils servent. Qu'ils servissent. Avoir dû servir.

---

§ 269.   MEMINI, NOVI, ODI, COEPI, SUEVI.

Memini, isti, *je me souviens*, etc. Memineram, as, *je me souvenais*, etc. Meminero, ris, *je me souviendrai*, etc. Memento, *souviens-toi*; memento (ille), *plur.* mementote. Meminerim, is, *que je me souvienne*, etc. Meminissem, es, *que je me souvinsse*, ou *je me souviendrais*. Meminisse, *se souvenir.* — Odi, osus sum, odisse, *haïr;* osurus, *devant haïr;* osus (*sens actif*), *ayant haï.* — Novi, novisse, *connaître.* — Cœpi, cœpisse, *commencer;* cœpturus, a, um, *devant commencer;* cœptus, *ayant été commencé.* — Suevi, *parf. de* suesco, *j'ai coutume.*

Remarque. Ces verbes se conjuguent comme *memini*, mais ils n'ont point d'*impératif.* — *Osus sum* signifie *j'ai haï* (sens actif), et non *je suis haï; osus eram*, je haïssais, et non *j'étais haï.*

Pour traduire le parfait *je me suis souvenu*, on peut se servir de *recordatus sum* ou *fui*, parf. de *recordor, dari.* On traduira aussi par ce verbe les différents temps de l'infinitif. *Recordatum, am fuisse. Recordandi, do, dum. Recordaturus*, etc.

§ 270.   EXERCICES.

Je hais. Tu te souviens. Il connaît. Nous commençons. Vous avez coutume. Ils haïssent. Tu te souvenais. Il connaissait. Nous commencions. Ils avaient coutume. Tu haïrais. Je me souviendrai. Je connaîtrais. Vous commencerez. Ils commenceront. Nous aurons coutume. Nous aurions coutume. Tu te souviendras. Il haïssait. Vous commenciez. Tu connaissais. Souviens-toi. Souvenez-vous. J'ai haï. Nous

haïmes. Vous avez haï. J'avais haï. Ils avaient haï.
Que je me souvienne. Que je me souvinsse. Que je me
fusse souvenu (*recordor*, *ari*). Je me suis souvenu.
Vous vous serez souvenus. Que vous vous soyez souvenus *ou* souvenues. Que je connaisse. Que tu haïsses.
Que nous haïssions. Je haïssais. Nous haïssions. Qu'ils
aient coutume. Que vous ayez commencé. Je haïrais.
Tu te souviendrais. Il aurait coutume. Nous commen-
cerions. Vous connaîtriez. Ils haïraient. Commencer.
Avoir coutume. Haïr. Connaître. Se souvenir. Devant
haïr. Devant commencer. Ayant haï. Ayant été commencé.

§ 271. — *Vapulo*, *as*, *avi*, *atum*, *are*, v. neut., signifie *être
battu*, *être décrié*. — J'étais battu. Ils ont été battus. Vous serez
battu. Avoir été battu. Qu'ils fussent battus. Sois battu. Que j'aie
été battu. Nous aurons été battus. Être battu. Elles ont été battues.
Elle aura été battue.

---

§ 272. AIO, INQUAM.

Pr. S. Aio, ais, ait. *Plur.* Aiunt, *je dis*, etc. *Imparf.* Aiebam.
as, etc. (*Régulier.*) *Parf. Sing.* Aisti, ait. *Plur.* Aistis. — *Subj.*
Pr. Aias, aiat. *Pl.* Aiant *Part.* Aiens, entis, *peu usité.*

N B. Aio, à l'impératif, ne paraît usité que dans cette locu-
tion : *Vel ai, vel nega*, dis oui ou non. On trouve dans le sens
interrogatif *ain'* pour *aine : ain' vero*, dis-tu? conviens-tu?

Pr. Sing. Inquam, *dis-je*, inquis, etc. (*régulier*). *Imparf.*
inquiebat, bant. *Parf. S.* Inquisti, inquit. *Pl.* Inquistis. *Fut.*
Inquies, inquiet. *Impér.* Inque, quito. *Subj. P.* Inquiat.

EXERCICES.

Je dis, tu dis, il dit, ils disent. — Dis-je, dis-tu,
dit-il; disons-nous, dites-vous, disent-ils. — Je disais,
tu disais, il disait; nous disions, vous disiez, ils di-

saient. — Disait-il; disaient-ils. — Tu as dit, vous avez dit. —As-tu dit, a-t-il dit, avez-vous dit. Diras-tu, dira-t-il. — Dis. — Que tu dises, qu'il dise. Qu'ils disent.

VERBES IMPERSONNELS. (*Unipersonnels.*)

§ 273.

Licet, licuit, licitum est, *il est permis.* Decet, decuit, *il convient.* Oportet, oportuit, *il faut.* Libet, libuit, libitum est, *il fait plaisir* (*on dit aussi* lubet). Placet, placuit, placitum est, *il plaît.* Pluit, *il pleut, il a plu.* Ningit, ninxit, *il neige.* Grandinat, grandinavit, *il grêle.* Refert, retulit; interest, interfuit, *il importe.* Tonat, tonuit, *il tonne.* Præstat, præstitit, *il vaut mieux,* etc.

EXERCICES.

Il était permis. Il convint. Il faudra. Il aura plu. Il fera plaisir. Qu'il pleuve. Il neigerait. Qu'il ait grêlé. Il aurait importé. Il eût tonné. Être permis. Avoir fallu. Il a grêlé. Il aura fallu. Qu'il ait fallu. Il vaudra mieux. Il eût mieux valu. Il aura fait plaisir. Il aurait fait plaisir. Il convint *ou* il a convenu. Qu'il eût convenu. Il avait importé. Il importera. Qu'il ait importé. Qu'il eût neigé.

---

§ 274.   POENITET, ETC.

Me, te, nos, vos, illum, am, illos, as, pœnit-et, tuit, *je me repens, tu te repens,* etc.; pud-et, uit *et* puditum est, *j'ai honte;* pig-et, uit *et* pigitum est, *je suis fâché;* tæd-et, pertæsum est, *mieux que* tæduit, *je m'ennuie;* miser-et, misertum est, *et même* miseritum est; *j'ai pitié.* (*Miseruit* est la troisième personne du parf. de *misereo,* dont il ne faut pas se servir.)

EXERCICES.

Tu te repens. J'ai honte. Il est fâché. Tu t'ennuyais. Nous avions pitié. Ils se repentaient. J'ai eu honte. Tu as été fâché. Il s'est ennuyé. Être fâché. Avoir été fâché. Se repentir. S'être repenti. Nous avons pitié. Nous avons eu pitié. Ils avaient eu pitié. Je me repentirai. Ils seront fâchés. Elles auront été fâchées. Nous aurons honte. Nous aurons eu honte. Que je me repente. Que j'aie pitié. Que j'aie eu pitié. Ils seraient fâchés. Ils auraient été fâchés. Je me serais ennuyé. Je m'ennuierais. Avoir pitié. Avoir eu pitié. Avoir honte. Avoir eu honte. Elles s'ennuient. Elles se sont ennuyées. Vous vous repentiriez. Elles se seraient repenties.

Impersonnel ou *Unipersonnel passif.*

Dicitur, dictum est, dicetur. *On dit, on a dit, on dira*, etc.

§ 275. —On croit, *credo, is.* On pensait, *puto, as.* On a inventé, *invenio, inventum.* On aimera, *amo, as.* On aura lu, *lego, lectum.* Qu'on entende, *audio, is.* On avertirait, *moneo, es.* Qu'on ait porté, *fero, latum.* Qu'on eût trouvé, *reperio, repertum*, etc.

Voir la Gramm. lat. (§ 136, notes) pour les autres verbes irréguliers ou défectifs, comme *Quæso, quæsumus,* je vous prie; *Amabo,* de grâce; *Edo,* manger, *edis* ou *es, edit* ou *est;* parf., *edi;* impér., *ede* ou *es, esto; edito* ou *esto* (ille); *ederem* ou *essem. esses,* etc.; *edere* ou *esse; esum* ou *estum : estur,* on mange.— *Defit,* il manque, *defiet, defiat, deficri.* — *Infit,* il commence.

REMARQUES. *Liceo, licui, licitum, licere, v. n.,* signifie être mis à prix. *Liceor, licitus sum, liceri, v.* dép., signifie mettre à prix.—Sont inusités : Indic. *Dor,* subj. *der,* de *dare,* donner ; *Aror, arer,* de *arare,* labourer; *Solebo, is,* de *soleo,* avoir cou-

tume : *Cupe*, impér. de *cupio; Polle*, de *polleo*, exceller ; *Scire*
fait à l'impératif *scito, scitote*, et non *sci, scite*.

ADVERBES.

§ 276. Les adverbes sont *primitifs* ou *dérivés*. Les adverbes *primitifs* sont ceux qui ne se forment point d'autres mots, comme *cur, non*, etc. Les adverbes *dérivés* se forment principalement des adjectifs, comme *malè* de *malus*, *serò* de *serus*, *fortiter* de *fortis*, *audacter* de *audax*. (Les adverbes en *è* et en *ò* viennent des adjectifs de la 2ᵉ déclin.; les adv. en *ter* viennent des adject. de la 3ᵉ déclin.) Mais les adverbes dérivent aussi d'autres mots, comme *eminùs*, de loin (*è manu*); *eatervatim*, en troupe (*caterva*); *pridiè*, le jour de devant (*priori die*).

Le comparatif adverbe est le même que le comparatif neutre de l'adjectif. Ex. : *doctior, doctius*, plus savant; *doctiùs*, plus savamment. Pour le superlatif on change *us* en *è* : *doctissimus, doctissimè.—Pulcher, pulchrior, pulchrius*, plus beau ; *pulchriùs*, d'une manière plus belle; *pulcherrimè*, très-bien.

Ce sont principalement les adverbes de *manière*, c'est-à-dire ceux qui expriment la manière dont une chose se fait, qui ont un comparatif et un superlatif.

EXERCICES.

Constamment, *constanter* (de *constans*), plus...., le plus *ou* très... Audacieusement, *audacter* (de *audax, acis*), plus..., le plus... Saintement, *sanctè* (de *sanctus*), plus..., très... Fréquemment, *frequenter* (de *frequens*), plus..., très... Avec peine, *ægrè* (de *æger, ægri*), avec plus de peine..., avec beaucoup de peine... Libéralement, *liberaliter* (de *liberalis*), plus..., le plus... Au large, *latè* (de *latus*), plus .., fort... Largement, *largè* (de *largus*), plus..., très... Abondamment, *abundanter* (de *abundans*), plus..., le plus... Doucement, *leniter* (de *lenis*), plus..., le plus... D'une manière atroce, *atrociter* (de *atrox*), d'une manière

plus... fort... Avec âpreté, *asperè* (de *asper*, *asperi*),
avec plus d'âpreté..., avec beaucoup d'âpreté... *Crebrò*,
fréquemment (de *creber*, *bri*), plus..., très... Heureusement, *feliciter* (de *felix*, *icis*), plus..., le plus...
D'une manière intègre *ou* entièrement (de *integer*,
gri), d'une manière fort... (Le comparatif adverbe paraît être inusité.) — Promptement, *celeriter* (de *celer*,
is), plus.., très... Tendrement, *tenerè* (de *tener*, *eri*),
plus..., fort...

Voyez sur l'emploi des adverbes la *Grammaire latine*. § 112 et
suiv.; §§ 384 et 386, et p. 308 (Remarques). Voyez aussi le *Cours
de Thèmes*, 2ᵉ partie, § 237 ; et 3ᵉ partie, § 156.

PRÉPOSITIONS.

§ 277.   *Prépositions qui gouvernent l'accusatif.*

1. Ad, *auprès*, *chez*, *pour*, *devant*.
2. Adversùm, adversùs, *envers*, *contre*, *vis-à-vis*.
3. Antè, *avant*, *devant*.
4. Apud, *auprès de*, *chez*, *devant*, *etc.*
5. Circà, *environ*, *auprès*.
   Circiter, *environ*, *à peu près*.
6. Circùm, *autour*, *à l'entour*.
7. Cis, citrà, *deçà*, *en deçà*.
8. Contrà, *contre*, *vis-à-vis de*.
9. Ergà, *envers*, *à l'égard*.
10. Extrà, *hors*, *outre*, *excepté*.
11. Infrà, *sous*, *au-dessous*.
12. Inter, *entre*, *parmi*, *pendant*.
13. Intrà, *dans*, *au dedans*, *dans l'espace de*.
14. Juxtà, *auprès*, *proche*, *le long de*.
15. Ob, *pour*, *devant*, *à cause de*.
    Propè, *proche*, *près de*, *auprès de*.
16. Penès, *en la puissance de*.
17. Per, *par*, *durant*, *pendant*
18. Ponè, *après*, *derrière*, *par derrière*.

19. Post, *après, depuis, derrière, dans.*
20. Præter, *excepté; hormis, outre, devant, le long.*
21. Propter, *pour, à cause de, auprès.*
22. Secundùm, *selon, suivant, après, le long de.*
    Secùs, *auprès, le long de.*
23. Suprà, *sur, au dessus, plus de.*
24. Trans, *au delà, par delà.*
    Versùs, *vers, du côté de.*
25. Ultrà, *au delà, par delà.*
    Usquè, *jusqu'à.*

On remarquera que *circiter, propè, usquè, versùs*, ne sont que des adverbes, qui se construisent avec l'accusatif, en vertu d'une préposition s.-ent. *ad, in,* etc.

278.   EXERCICES.

1 Auprès de la ville, —*urbs, bis.*
  Pour l'usage, —*usus, ûs.*
  Devant le juge, —*judex dicis.*
2 Contre vous, —*tu, tui.*
  Vis-à-vis de la ville, —*urbs, bis.*
  Envers Dieu, *Deus, Dei.*
3 Devant les pieds, —*pes, pedis.*
  Avant l'heure, —*hora, æ.*
4 Chez le père, —*pater, tris.*
  Devant le juge, —*judex, dicis.*
  Sur (auprès de) vous (Comme dans *hoc multùm valet apùd te,* littéralement : *Cela peut beaucoup sur vous*).
5 Environ ce mois-là, —*is, ejus, mensis, is.*
  Auprès de la maison, —*domus, ûs.*
6 Autour des rivages, — *littus, tloris.*
7 En deçà de l'Euphrate, —*Euphrates, tis.*
8 Contre l'autorité, —*auctoritas, tatis.*
  Vis-à-vis de l'Italie, —*Italia, æ.*
9 Envers mon frère, —*meus frater, tris.*

10 Hors de la ville,—*urbs, bis.*
Outre mesure,—*modùs, dī.*
Excepté les amis,—*amicus, ci.*

11 Sous la terre,—*terra, æ.*
Au-dessous de la dignité,—*dignitas, tatis.*

12 Entre *ou* parmi les autres,—*alius, a, ud.*
Pendant le souper,—*cœna, æ.*

13 Au dedans des murailles,—*paries, rietis.*
Dans l'espace de six mois,—*sex mensis, is.*

14 Le long, près du chemin,—*via, æ.*

15 Pour le profit,—*emolumentum, i.*
A cause de cela (de cette chose),—*ea res.*
Devant les yeux,—*oculi orum.*

16 En la puissance, au pouvoir du vainqueur,—*victor, ris.*

17 Par (le moyen de) votre ami,—*tuus amicus, ci.*
Durant, pendant le jour,—*dies, ei.*

18 Derrière le jardin,—*hortus, ti.*

19 Après celui-ci,—*hic, hujus.*
Depuis l'établissement de cette loi, *tournez :* après cette loi établie,—*hæc lex, legis, constituta, æ.*
Derrière le dos,—*tergum, gi.*
Dans six ans,—*sexennium, ii* (subst. neut., se met au sing.).

20 Excepté vous,—*tu, tui.*
Devant les yeux,—*oculus, i.*
Le long des murailles, devant les murailles,—*mœnia, ium* (pl. neut.).

21 A cause de, pour l'honnêteté,—*honestas tatis.*
Couchant auprès du père, *cubantes,*—*pater, tris.*

22 Selon les philosophes,—*philosophus, i.*
Après les comices,—*comitia, orum.*
Le long du bord,—*ripa, æ.*

23 Au-dessus des lois,—*lex, legis.*
Outre mesure,—*modus, i.*

Plus de trois verres, —*tres cyathi, orum.*

24 Au delà des mers, par delà les mers, —*mare, ris* (neut.).

25 Au delà du Tibre, — *Tiberis, is.*

§ 279. *Circiter, Propè, Usque, Versùs* sont plutôt des adverbes.

Environ les calendes, *circiter calendas* et *ad calendas.*

Près des murs, *propè muros* et *propè à muris.*

Jusqu'à la sueur, *usque sudorem;* jusqu'à la vieillesse, *usque ad senectutem.*

Vers l'Orient, *Orientem versùs.* Vers les Alpes, *ad Alpes versùs.* Cette préposition se met après son régime.

§ 280. Il y a douze prépositions qui gouvernent l'ablatif.

1. A, ab, abs, *de, du, des, depuis, par, pour,* etc.
2. Absque, *sans.*
3. Clàm, *à l'insu de.*
4. Coràm, *devant, en présence de.*
5. Cum, *avec (se met après l'ablatif des pronoms* ego, tu, suî, nos, vos, *et après l'ablatif de* qui, quæ*).*
6. De, *sur, touchant, pour, à cause.*
7. È, ex, *de, par.*
8. Palàm, *devant, en présence de.*
9. Præ, *devant, en comparaison de, au-dessus de.*
10. Pro, *pour, au lieu de, selon, devant.*
11. Sinè, *sans.*
12· Tenùs, *jusqu'à. (Se met après son régime; et quand ce régime est pluriel, il se met au* génitif.)

§ 281.   EXERCICES.

1 Dès l'enfance, —*pueritia, æ.* A cause du froid, contre le froid, — *frigus, oris.*

Par-devant, — *frons, tis.* —Tenir pour le sénat, *stare — senatus, ûs,* etc.

2 Sans vous, — *tu, tui.*

3 A l'insu du maître, — *præceptor, is.*

4 Devant lui, — *ipse, a, um.*

5 Avec votre ami. Avec nous. Avec toi. Avec lequel.

6 Je parle des hommes, *loquor* — *homo, inis.*

    Du nombre desquels, — *numerus, i, qui, cujus.*

    Pour beaucoup de raisons, *multus, a, um,* — *cau-
sa, æ.*

    Sur le mépris de la mort, — *contemptus, ûs, mors,
mortis.*

7 Venir de la ville, *venire,* — *urbs, bis.* De la flamme,
— *flamma, æ.* De Dieu, selon Dieu, — *Deus, Dei.*

8 Devant tout le monde, — *omnes, omnium.*

9 En comparaison, au prix de nous, — *nos, nostri.* A
cause de la multitude, — *multitudo, dinis.* Devant les yeux, — *oculus, li.* Au-dessus des
autres, — *cæteri, orum.*

10 Pour la vie, — *vita, æ.* Selon son mérite, — *me-
ritum, i.*

    Au lieu de lui, — *ille.* Devant la porte, — *fores, rium.*

    A cause de l'amitié, — *amicitia, æ.*

11 Sans poids, — *pondus, deris.*

12 Jusqu'à la poitrine, — *pectus, toris.* Jusqu'aux
lèvres, — *labrum, bri.*

§ 282.

Les quatres prépositions suivantes veulent l'accusatif quand elles
sont jointes à un verbe qui exprime mouvement d'un lieu dans un
autre, et l'ablatif quand elles sont jointes à un verbe qui n'exprime
pas mouvement d'un lieu dans un autre.

In, *en, dans, sur.*	Sub, *sous, au-dessous de.*
Subter, *sous, dessous.*	Super, *sur, au-dessus de.*

§ 283.   EXERCICES

Sub, super, in, subter.

(*Verbe de repos.*) Étendu sous un arbre, *jacens sub arbor, is.* (*Verbe de mouvement.*) Envoyer sous le joug, *mittere sub jugum, jugi.*

(*Verbe de repos.*) Il est couché sur l'herbe, *recumbo, is, super gramen, minis.* Écrire sur une chose, *super aliquis, qua, res, rei, scribere.* — (*Verbe de mouvement.*) Il étendra son empire sur les peuples barbares, *proferet imperium super barbarus, a, um, gens, entis,* fém.

Super avec l'ablatif signifie ordinairement *touchant, au sujet de.* Lorsqu'il se traduit par *sur, au-dessus de,* il se construit ordinairement avec l'accusatif, avec ou sans mouvement.

Subter parait se construire avec l'accusatif, avec ou sans mouvement ; il se construit rarement avec l'ablatif.

SYNTAXE ÉLÉMENTAIRE.

RÉCAPITULATION GÉNÉRALE DES EXERCICES PRÉCÉDENTS.

N. B. Les exercices élémentaires que nous donnons ici ne sont qu'une préparation à des exercices plus détaillés sur la Syntaxe, qu'on trouvera dans la deuxième partie du *Cours de Thèmes.*

Ludovicus rex. Urbs Roma.

Quand deux ou plusieurs noms ne désignent qu'une seule et même personne, une seule et même chose, ces noms se mettent au même cas. Ex. : Louis roi, *Ludovicus rex* ; de Louis roi, *Ludovici regis* ; à Louis roi, *Ludovico regi* ; la ville de Rome, *urbs Roma* ; de la ville de Rome, *urbis Romæ* ; le fleuve du Rhin, *flumen Rhenus* ; au fleuve du Rhin, *flumini Rheno.* On remarquera que *de, du,* placé entre deux noms, n'empêche pas de mettre le second nom au même cas que le premier, lorsque le second nom désigne la même chose que le premier.

EXERCICES.

§ 284. La ville de Lyon [1]. — O Dieu! seigneur du ciel et de la terre [2]. — Du dictateur César [3]. — Au fleuve du Rhône [4]. — J'admire Socrate, philosophe très-savant [5]. — J'ai navigué sur le fleuve du Rhin [6].

Les deux substantifs peuvent être de genres différents, mais ils se mettent toujours au même cas. Ex.: La ville d'Athènes, *urbs Athenæ;* Tullie nos délices, *Tullia deliciæ nostræ;* à Tullie nos délices, *Tulliæ deliciis nostris.* Si le substantif d'apposition se rapporte à deux noms, ce substantif se met au pluriel. Ex. : Marius et César, dictateurs romains, *Marius et Cæsar dictatores romani.* Les rives de la Seine et du Rhône, fleuves, *ripæ Sequanæ et Rhodani, fluviorum.*

EXERCICES.

§ 285. J'ai vu la ville d'Athènes [1]. — Alexandre s'empara de la ville de Bactres et ruina la ville de Thèbes [2]. — J'admire Titus et Trajan, empereurs romains [3]. — Je viens de chez votre oncle et de chez votre frère, hommes distingués [4]. — Denis admira Damon et Pythias, amis généreux [5].

EXERCICES GÉNÉRAUX.

§ 286. *Clovis,* roi des Francs, vainquit les *Visigoths, nation belliqueuse* [1]. — *Le fleuve du Tibre* baigne la *ville de Rome* [2]. — *O Seigneur! père* des hommes, *souverain arbitre de toutes choses* [3]. — La fertilité *de la province de Sicile* [4]. — La destruction *de la ville de Carthage* [5]. — Les richesses *de Lyon* et *de Marseille, villes* de France [6]. — L'orgueil funeste à *Alexandre,* roi des Macédoniens [7]. — La sagesse utile *à David* et *à Salomon, rois* des Juifs [8]. — J'admire *Cyrus, fondateur* de la monarchie des Perses [9]. — J'aime *la justice* et *la bonne foi, vertus* excellentes [10]. — Je hais la cruauté des *triumvirs Octave, Antoine* et *Lépide* [11]. — Je révère les *philosophes Socrate,*

NOTES DES EXERCICES.

§ 284. 1 Urbs Lugdunum, ni.
2 O deus; dominus, i; cœlum, i; et terra, æ.
3 Dictator, is; Cæsar, is.
4 Flumen, minis; Rhodanus, i.
5 Miror, *régit l'accus.*; Socrates, is; philosophus, i; doctissimus, i.
6 Navigo, as; in, *régit l'abl.*; flumen, inis; Rhenus, i.

NOTES DES EXERCICES.

§ 285. 1 Vidi, *régit l'accus.*; urbs, bis; Athenæ, arum.
2 Alexander potitus est, *régit l'abl.*; oppidum, i; Bactra, orum, *pl. n.*; et diruit, *régit l'acc.*; urbs, bis; Thebæ, arum.
3 Miror, *régit l'accus.*; Titus, i; Trajanus, i; imperator, is; romanus, i.
4 Venio à, *régit l'abl.*; tuus, ui; avunculus, i; et tuus, ui; frater, tris; vir, i; egregius, ii.
5 Dionysius miratus est, *régit l'accus.*; Damo, nis; et Pythias, æ; amicus, ci, *masc.*; generosus, i.

NOTES DES EXERCICES.

§ 286. 1 Clodovæus; rex Franci, corum; vinco, vici, *v. a. acc.*; Visigothus, i, *masc.*; gens, tis, *fém.*; bellicosus, a.
2 Fluvius Tiberis, eris; alluo, is, *v. a. accus.*; urbs, bis; Roma, æ.
3 Dominus, i; pater, tris; homo, inis; summus, a, um; arbiter, tri; omnes, nium; res, rerum.
4 Fertilitas provincia, æ; Sicilia, æ.
5 Excidium urbs, bis; Carthago, ginis.
6 Divitiæ Lugdunum, ni; et Massilia, æ; urbs, bis; Gallia, æ.
7 Superbia, *fém.*; funestus, a, um; Alexander, dri; rex, regis; Macedo, nis.
8 Sapientia, æ, *fém.*; utilis, is; e; David, dis; et Salomon, nis; rex, regis; Judæus, æi.
9 Miror, *accus.*; Cyrus, ri; conditor, is; regnum, ni, *neut.*; persicus, a, um (T. *du royaume persique*).
10 Diligo, *act.*; justitia, æ; et fides, ei (*bonne ne se rend pas*); virtus, tutis, *fém.*; eximius, a, um.
11 Odi, *régit l'accus.*; crudelitas, tatis, *fém.*; triumvir, i; Octavius, ii; Antonius, ii; et Lepidus, di.

Platon, *Aristote*, *la gloire* et *l'ornement* de la Grèce [12].

Liber Petri.

Pour joindre ensemble deux noms en français, nous mettons *de* entre les deux noms ; en latin, on met le second nom au génitif. Ex. : le livre de Pierre, *liber Petri.* La folie des hommes, *stultitia hominum.*

EXERCICES.

§ 287. La voix du rossignol, des rossignols [1]. —Les fruits de l'automne [2]. — La majesté des rois [3]. — Les saisons de l'année [4]. —Les feuilles des arbres [5]. — La timidité du lièvre [6]. —Le cours des astres [7]. —La beauté du monde [8]. — Le bonheur des sages [9]. —Les oreilles de Midas [10]. —L'orgueil des sots [11]. —La lumière du jour [12]. —La sainteté du serment [13]. — Les combats des Romains et des Carthaginois [14].

Bonitas divina.

Souvent, au lieu du génitif, on se sert d'un adjectif qui a la même valeur, et qui s'accorde avec le substantif en genre, en nombre et en cas. Ex. : La bonté de Dieu, *bonitas divina.* Le parlement de Paris, *senatus parisiensis.*—REMARQUE : Les noms de pays, joints à un nom-propre, se traduisent presque toujours par des adjectifs. Ex. : Cimon d'Athènes, *tournez :* Cimon l'Athénien, *Cimon Atheniensis.*

EXERCICES.

§ 288. La majesté *des rois* [1]. — La république *d'Athènes* [2]. — L'art *de la guerre* [3]. — L'intérêt *du peuple* [4]. — La discipline *des camps* [5]. — Les philosophes de la secte de *Pythagore*, de *Socrate* [6]. — La providence *de Dieu* [7]. — La rosée *du matin* [8]. — L'heure *de midi* [9]. — Le repas *du soir* [10]. — Les coupes d'or [11]. — Les hommes *du peuple* [12]. — Les gens *de lettres* [13]. — Les gens *de bien* [14]. — La chair *de porc* [15]. — L'étoile

12 Revereor, *régit l'accus.*; philosophus, i; Socrates, is; Plato, nis; Aristoteles, is; decus, coris, *neut.*; et ornamentum, i, *neut.*; Græcia, æ.

NOTES DES EXERCICES.

§ 287. 1 Vox, cis, *fém.*; luscinia, æ, *fém.*
2 Pomum, i. *neut.*; autumnus, mni, *masc.*
3 Majestas, tatis, *fém.*; rex, regis, *masc.*
4 Tempestas, tatis, *fém.*; annus, i, *masc.*
5 Folium, ii, *neut.*; arbor, is, *fém.*
6 Timiditas, tatis, *fém.*; lepus, poris, *masc.*
7 Cursus, ûs, *masc.*; sidus, deris, *neut.*
8 Pulchritudo, dinis, *fém.*; mundus, i, *masc.*
9 Felicitas, tatis, *fém.*; sapiens, entis, *masc.*
10 Auris, is, *fém.*; Midas, dæ, *masc.*
11 Superbia, æ, *fém.*; stultus, ti, *masc.*
12 Lux, cis, *fém.*; dies, ei, *m. fém.*
13 Sanctitas, tatis, *fém.*; jusjurandum, jurisjurandi, *neut.*
14 Prælium, ii, *neut.*; Romanus, i; et Carthaginiensis, is.

NOTES DES EXERCICES.

§ 288. 1 Majestas, tatis, *fém.*; regius, a, um.
2 Respublica, *fém.*; atheniensis, e.
3 Ars, tis, *fém.*; bellicus, a, um.
4 Utilitas, tatis, *fém.*; publicus, a, um.
5 Disciplina, æ, *fém.*; castrensis, e.
6 T. *les philosophes pythagoriciens, socratiques.* Philosophus, i, *masc.*; pythagoricus, a, um; socraticus, a, um.
7 Providentia, æ, *fém.*; divinus, a, um.
8 Ros, roris, *masc.*; matutinus, a, um.
9 Hora, æ, *fém.*; meridianus, a, um.
10 Cœna, æ, *fém.*; vespertinus, a, um.
11 Poculum, i, *neut.*; aureus, a, um.
12 Homo, minis, *masc.*; plebeius, a, um.
13 Vir, i, *masc.*; litteratus, a, um.
14 Vir, i; bonus, a, um.
15 Caro, carnis, *fém.*; suillus, a, um.

du soir [16]. — La table *de bois* [17]. — Le jour *de fête* [18]. — L'harmonie *de Virgile* [19]. — Lysis *de Tarente* [20]. — Cimon *d'Athènes* [21]. — Le jonc (*ou* le genêt) *d'Espagne* [22]. — Les femmes *de Lacédémone* [23]. — Les vases *de Corinthe* [24].

Puer egregiæ indolis ou *egregiâ indole.*

Quand le nom qui suit *de* exprime une *qualité bonne* ou *mauvaise*, on peut mettre ce nom à l'*ablatif* ou au *génitif.* Ex. : Enfant d'un bon naturel, *puer egregiâ indole* ou *egregiæ indolis*; d'un mauvais naturel, *pravâ indole* ou *pravæ indolis* (*Un*, *une*, ne se rendent pas.)

EXERCICES.

§ 289. Solon, homme *d'une justice remarquable* [1]. — Ce législateur *d'une rare sagesse* [2]. — Ces hommes *de mœurs grossières* [3]. — Néron, prince *d'une cruauté inouïe* [4]. — L'homme *d'origine illustre* [5]. — Les Romains, guerriers *d'un courage éprouvé* [6]. — Homère, poëte *d'un grand génie* [7]. — L'écolier diligent, *d'un caractère gai* [8]. — Alcibiade, homme *d'une grande beauté* [9].

Tempus legendi, legendi historiam.

De entre un nom de chose inanimée et un infinitif français se rend en latin par le *gérontif* en *di*, qui est un véritable génitif. Ex : Le temps de lire, *tempus legendi.* Si le gérondif est suivi d'un nom, ce nom se met au cas que gouverne le verbe d'où vient le gérondif. Le temps de lire l'histoire, *tempus legendi historiam,* — d'étudier l'histoire, *studendi historiæ.*

N. B. Pour traduire les exercices suivants, il faut se rappeler que les *verbes actifs* et ceux qui ont *une signification active* gouvernent l'accusatif, et que les verbes neutres gouvernent ordinairement le datif. Ex : J'aime Dieu, *amo Deum.* J'imite le père, *imitor patrem.* J'étudie l'histoire, *studeo historiæ.*

EXERCICES.

§ 290. Le temps *d'étudier* [1]. — L'occasion de *partir* [2]. — Le désir *d'apprendre* [3]. — La nécessité *de tra-*

16 Stella, æ, *fém.*; vespertinus, a, um.
17 Mensa, æ, *fém.*; ligneus, a, um.
18 Dies, *m. f.*; festus, a, um.
19 Numerus, i, *masc.*; virgilianus, a, um.
20 Lysis, is, *masc.*; tarentinus, a, um.
21 Cimon, *masc.*; atheniensis, e.
22 Spartum, i, *neut.*; hispanicus, a, um.
23 Mulier, is, *fém.*; lacœna, æ.
24 Vas, is, *neut.*; corinthiacus, a, um.

NOTES DES EXERCICES.

§ 289. 1 Solon; vir justitia, æ, *fém.*; insignis, is.
2 Hic legislator singularis, is; sapientia, æ.
3 Hic, hujus; homo, inis; mores, um, *pl. masc.*; ferus, a, um.
4 Nero, vir princeps, crudelitas, tatis, *fém.*; inauditus, a, um.
5 Vir genus, generis, *neut.*; clarus, a, um.
6 Romanus, i; bellator, is; fortitudo, dinis, *fém.*; probatus, a, um.
7 Homerus, poeta magnus, a, um; ingenium, ii, *neut.*
8 Discipulus, i, *masc.*; diligens, indoles, is, *fém.*; hilaris, e.
9 Alcibiades, vir egregius, a; forma, æ, *fém.*

NOTES DES EXERCICES.

§ 290. 1 Tempus studeo, ere.
2 Opportunitas proficiscor, sci.
3 Cupiditas disco, scere.

vailler [4]. — Le moyen *de vaincre* [5]. — La crainte *de
perdre* [6]. — Le projet *de combattre* [7]. — L'espoir *d'acquérir* [8]. — Le pouvoir *de pardonner* [9]. — La passion
de chasser [10]. — Le désir *d'avoir* [11]. — Le moyen *de
vaincre l'ennemi* [12]. — La crainte *de perdre la vie* [13].
— La gloire *de dompter ses passions* [14]. — Le temps *d'é-
tudier* les leçons [15]. — Le danger *de voir les mauvais
exemples* [16]. — La nécessité *d'acquérir de l'instruction* [17].
— Le désir *de satisfaire ses parents* [18]. — La honte *de
céder la victoire* [19]. — La mauvaise habitude *de médire
des gens de bien* [20].

Culpa est mentiri.

De entre un nom et un infinitif français se rend par l'infinitif
latin, lorsque cet infinitif peut servir de nominatif à la phrase.
Ex. : C'est un péché de mentir, *tournez* : mentir est un péché, *culpa est mentiri.*

EXERCICES.

§ 291. C'est un plaisir *d'apprendre* [1]. — C'est un
honneur *de vaincre* [2]. — C'est une honte *d'être vaincu* [3]. — C'est une folie *de perdre* le temps [4]. — C'est
un bonheur *de rendre service* à ses amis [5]. — C'est un
crime *de trahir* la patrie [6]. — C'est une sottise *de né-
gliger* l'étude [7]. — C'est une méchanceté *de railler* les
malheureux [8]. — C'est une lâcheté de *déguiser* la vérité [9].

REMARQUE. On traduirait de même l'expression *il y a.* Ex. : Il
y a du plaisir à apprendre. — Il y a de l'honneur à vaincre. — Il
y a de la honte à être vaincu, etc., etc.

Deus sanctus.

L'adjectif (ou le participe) s'accorde en genre, en nombre et en
cas avec le nom auquel il se rapporte.
Ex. : Dieu saint, *Deus sanctus.* La Vierge sainte *Virgo sancta.*
Le temple saint, *templum sanctum.* De Dieu saint, *Dei sancti.*
De la Vierge sainte, *Virginis sanctæ.* Du temple saint, *templi
sancti.* Les grands hommes, *viri magni;* aux grands hommes,
viris magnis. La sœur aimée, *soror amata.*

4 Necessitas laboro, are.
5 Ratio vinco, cere.
6 Metus amitto, ere.
7 Consilium pugno, are.
8 Spes adipiscor, pisci.
9 Potestas ignosco, scere.
10 Studium venor, ari.
11 Cupiditas habeo, ere.
12 Ratio vinco, cere, *act. accusat.*; hostis, is.
13 Metus, amitto, ere, *act.*; vita, æ.
14 Gloria domo, are, *act.*; cupiditas, tatis.
15 Tempus studeo, ere, *neut. datif*; ediscenda, orum.
16 Periculum video, ere, *act.*; pravus, a, um; exemplum, i, *neut.*
17 Necessitas comparo, are, *act.*; doctrina, æ.
18 Cupiditas satisfacio, cere, *neut. dat.*; suus, a, um; parens, tis.
19 Pudor cedo, dere, *act.*; victoria, æ, *fém.*
20 Pravus, a, um; consuetudo, *fém.*; maledico, dicere, *v. neut.
dat.*; vir, i; bonus, a, um

NOTES DES EXERCICES.

§ 291. 1 Voluptas sum, es; disco, scere.
2 Decus sum, es; vinco, cere.
3 Dedecus sum, es; vincor, vinci.
4 Stultitia sum, es; amitto, ttere; tempus.
5 Felicitas sum, es; prosum, prodesse, *dat.*; suus, amicus, ci, *masc.*
6 Scelus sum, es; prodo, dere, *accus.*; patria, æ.
7 Stultitia sum, es; negligo, gere, *acc.*; studia, orum.
8 Improbitas sum, es; irrideo, ere, *dat.*; homo infelix.
9 Ignavia sum, es; dissimulo, are, *accus.*; verum, i, *neut.*

EXERCICES.

§ 292. Le cerf timide, les cerfs timides [1]. — La lionne cruelle, les lionnes cruelles [2]. — La guerre sanglante, les guerres sanglantes [3]. — Le lion généreux [4]. — Les renards rusés [5]. — Le bois agréable [6]. — Les jours bienfaisants [7].

O cerf timide! O lionnes cruelles! O guerre sanglante! O lions généreux! O renard rusé! O bois agréable! O jours bienfaisants!

La fuite du cerf timide [8]. — La rage des lionnes cruelles [9]. — Les désastres de la guerre sanglante [10]. — La noblesse du lion généreux [11]. — La finesse des renards rusés [12]. — La fraîcheur du bois agréable [13]. — L'éclat des jours bienfaisants [14].

§ 293. Semblable (*similis*) au cerf timide, aux lionnes cruelles, aux guerres sanglantes, au lion généreux, aux renards rusés, au printemps agréable, au jour bienfaisant.

Je vois (*video*, act., accusatif) le cerf timide, les lionnes cruelles, les guerres sanglantes, les lions généreux, le renard rusé, les bois agréables, le jour bienfaisant.

Je parle (*loquor de*, régit l'ablatif) des cerfs timides, de la lionne cruelle, de la guerre sanglante, des lions généreux, du renard rusé, des bois agréables, du jour bienfaisant.

Pater et filius boni; mater et filia bonæ.

Quand un adjectif se rapporte à deux noms, on met cet adjectif au pluriel, parce que deux singuliers valent un pluriel. Ex. : Le père et le fils bons, *pater et filius boni*. La mère et la fille bonnes, *mater et filia bonæ*. (Même règle pour les participes.)

EXERCICES

§ 294. L'oncle et le frère chéris [1]. — La tante et la sœur aimées [2]. — Le père et le fils semblables [3]. — Le

NOTES DES EXERCICES.

§ 292. 1 Cervus, vi, *masc.*; timidus, a, um.
2 Leæna, *fém.*, sævus, a, um; *ou* immanis, ne.
3 Bellum, i, *neut.*; cruentus, a, um.
4 Leo, nis, *masc.*; generosus, a, um.
5 Vulpes, pis, *fém.*; astutus, a, um.
6 Nemus, moris, *neut.*; gratus, a, um.
7 Dies, iei, *fém.*; almus, a, um.

8 Fuga, æ...
9 Rabies, iei...
10 Clades, dis...
11 Nobilitas, tatis...
12 Calliditas, tatis...
13 Frigus, goris...
14 Splendor, is...

NOTES DES EXERCICES.

§ 294. 1 Avunculus et frater carus, a, um.
2 Amita et soror amatus, a, um.
3 Pater et filius similis, le.

général et le soldat intrépides [4]. — Le cheval et le mulet très-utiles [5]. — Le tigre et la lionne féroces [6]. — L'orateur, le poëte et l'historien très-célèbres [7]. — La cousine et la petite-fille aimées [8]. — Le laboureur et le berger laborieux [9]. — Le mensonge et l'oisiveté nuisibles [10].

Pater et mater boni.

Quand un adjectif se rapporte à deux noms de différents genres, l'adjectif prend le plus noble des deux genres. (Le masculin est plus noble que le féminin, le féminin est plus noble que le neut.) Ex. : Le père et la mère bons, *pater et mater boni.*

EXERCICES.

§ 295. Le fils et la fille chéris [1]. — L'oncle et la tante aimés [2]. — Le cerf et la biche très-légers [3]. — Le cheval et la mule très-utiles [4]. — Le loup et la louve féroces [5]. — Le chien et le chat ennemis [6]. — La pie et le perroquet bavards [7]. — Le Scythe et l'Amazone belliqueux [8].

Virtus et vitium contraria.

Quand les deux noms désignent des choses inanimées, c'est-à-dire sans vie, l'adjectif qui s'y rapporte se met au pluriel neutre. (Il n'y a d'animé que les hommes et les bêtes.) Si les noms de choses sont du même genre, on peut mettre l'adjectif au pluriel masculin ou féminin, suivant le genre de ces noms. *Ex.* : Votre salut et votre gloire me sont très-chers, *salus et gloria tua mihi sunt carissimæ.*

EXERCICES.

§ 296. Le dégoût et le plaisir très-voisins [1]. — La haine et l'amitié contraires [2]. — La montagne et le rocher escarpés [3]. — Le travail et le repos nécessaires [4]. — La maison et le temple bâtis [5]. — La guerre et les combats terribles [6]. — Le jardin et les bosquets agréables [7]. — La plaine et la vallée fertiles [8].

4 Dux et miles, intrepidus, a, um.

5 Equus et mulus utilis, le.

6 Tigris, *fém.*; et leœna sævus, a, um.

7 Orator, poeta, *masc.*; et historicus celeber, bris.

8 Consobrina et neptis amatus, a, um.

9 Agricola, *masc.*; et pastor impiger, gra, grum.

10 Mendacium et otium, *neut.*; noxius, a, um.

NOTES DES EXERCICES.

§ 295. 1 Filius et filia dilectus, a, um.

2 Avunculus et amita amatus, a, um.

3 Cervus et cerva levis, ve.

4 Equus et mula utilissimus, a, um.

5 Lupus, *m.*; et lupa ferus, a, um

6 Canis, *m.*; et feles, *fém.*; inimicus, a, um.

7 Pica, *f.*; et psittacus, *m.*; garrulus, a, um.

8 Scytha, æ, *masc.*; et Amazon, *fém.*; bellicosus, a, um.

NOTES DES EXERCICES.

§ 296. 1 Fastidium, *neut.*, et voluptas, *fém.*; proximus, a, um.

2 Odium, *neut.*; et amicitia, *fém.*; contrarius, a, um.

3 Mons, *masc.*; et rupes, *fém.*; præruptus, a, um.

4 Labor, *masc.*; et quies, *fém.*; necessarius, a, um.

5 Domus, *f.*; et templum, *n.*; ædificatus, a, um.

6 Bellum, *neut.*; et pugna, æ, *fém.*; terribilis, le.

7 Hortus, *masc.*; et sylvula, *fém.*; amœnus, a, um.

8 Campus, *masc.*; et vallis, *fém.* fertilis, e.

EXERCICES MÊLÉS.

§ 297. Le bœuf et la brebis très-utiles [1]. — La science et la vertu rares. [2] — Le ciel, la mer et la terre créés par Dieu [3]. — Vespasien et Titus aimés des Romains [4]. — La France et l'Espagne séparées par les Pyrénées [5]. — Le travail et le repos nécessaires. [6] — Les Indiens et les Perses vaincus par Alexandre, roi des Macédoniens [7]. — L'esclavage et la mort moins redoutables que les plaisirs honteux [8]. — Le bouclier et la cuirasse d'airain [9]. — Les dignités et les richesses méprisées par le philosophe Diogène [10].

Hic puer, cet enfant. *Hæc rosa*, cette rose. *Hoc exemplum*, cet exemple.

Les pronoms adjectifs (les adjectifs indicatifs) *hic*, *hæc*, *hoc*; *ille*, *illa*, *illud*; *iste*, *ista*, *istud*; *ipse*, *ipsa*, *ipsum*; *idem*, *eadem*, *idem*, s'accordent aussi en genre, en nombre et en cas avec le substantif auquel ils se rapportent. *Ex* : Le père de cet enfant, *pater hujus pueri*. J'ai cueilli cette rose, *carpsi hanc rosam*.

Même règle pour les adjectifs possessifs *meus*, *mea*, *meum*; *tuus*, *tua*, *tuum*; *suus*, *sua*, *suum*; *noster*, *nostra*, *nostrum*; *vester*, *vestra*, *vestrum*. Mon père, *meus pater*; ma mère, *mea mater*; mon lit, *meum cubile*.

EXERCICES.

§ 298. La force de cet exemple [1]. — Les livres de mes frères et de mes sœurs [2]. — Les projets de ces hommes ci sont contraires aux projets de ces hommes-là [3]. — Je connais cet homme-ci; je ne connais pas cette femme-là [4]. — Ces fruits sont verts [5]. — J'admire ces fortes murailles, ces tours élevées, ces magnifiques aqueducs, cette ville immense [6].

Deus qui regnat. — *Amo Deum qui regnat.*

Le relatif *qui* doit être considéré comme placé entre deux cas du même nom. Ex. : Dieu qui règne, *Deus qui* (Deus s.-entendu) *regnat*; j'aime Dieu qui règne, *amo Deum qui* (Deus) *regnat*. J'aime les enfants qui sont modestes, *amo pueros qui* (pueri) *sunt mo-*

NOTES DES EXERCICES.

§ 297. 1 Bos, *masc.*; et ovis, *fém.*; utilis, ior, issimus, a, um.

2 Scientia, *f.*; et virtus, *f.*; rarus, a, um.

3 Cœlum, *neut.*; mare, *neut.*; et terra, *f.*; creatus, a, um. à (*regit l'ablat.*) Deus, Dei.

4 Vespasianus, *m.*; et Titus, *m.*; amatus, a, um; à (*régit l'abl.*) Romanus, i.

5 Gallia et Hispania, *fém.*; divisus, a, um, (*régit l'abl.*); Pyrenæi, orum.

6 Labor, *m.*; et quies, *f.*; necessarius, a, um.

7 Indi, orum; et Persæ, arum, *m.*; victus, a, um, ab Alexander, dri; rex, regis; Macedo, donis.

8 Servitus, *f.*; et mors, *f.*; minùs metuendus, a, um; quàm voluptas, tatis, *f.*; turpis, is.

9 Clypeus, i, *m.*; et lorica, cæ, *f.*; æneus, a, um.

10 Dignitas, tatis, *f.*; et divitiæ, arum, *f.*; contemptus, a, um, à philosophus, i; Diogenes, is.

NOTES DES EXERCICES.

§ 298. 1 Vis; hic, hæc, hoc; exemplum, i, *neut.*

2 Liber, bri, *m.*; meus, a, um; frater et soror, is.

3 Consilium, ii, *n.*; hic homo, inis; sum; contrarius, a, um; consilium; ille, a, ud, homo.

4 Novi, *régit l'accus.*; hic homo; non novi; ille, a, ud; mulier, is.

5 Iste, a, ud; pomum, mi, *neut.*; sum crudus, a, um.

6 Miror, *régit l'accus.*; hic, hæc, hoc; validus, a, um; mœnia, ium, *pl. neut.*; hic, hæc; turris, is, *f.*; altus, a, um; hic, hæc; magnificus, a, um; aquæductus, ûs, *m.*; hic, hæc; urbs, bis, *f.*; immensus, a.

desti. Je favorise la vertu qui est opprimée, *faveo virtuti quæ* (virtus) *opprimitur*. *Qui* s'accorde en genre et en nombre avec le nom qui le précède et que l'on appelle *antécédent*, et il s'accorde aussi en cas avec le nom sous-entendu après lui, qui est ordinairement *au nominatif*.

EXERCICES.

§ 299. J'admire Cyrus qui fonda l'empire des Perses [1]. — J'étudie les arts qui sont utiles [2]. — Les vertus de cette femme qui est modeste [3]. — Les maux de la guerre qui est un fléau [4]. — La force de l'habitude qui est une seconde nature [5]. — Acquérez la science qui est un véritable trésor [6]. — Étudiez les belles-lettres qui charment les ennuis de la vie [7]. — Les exemples des grands hommes qui ont vécu autrefois [8]. — Le courage des Athéniens qui vainquirent les Perses [9].

Deus quem amo, Dieu que j'aime.

Le *que* relatif doit être aussi considéré comme placé entre les deux cas d'un même nom. Il s'accordent en genre et en nombre avec son antécédent, et se met au cas que régit le verbe qui le suit. Ex. : Dieu que j'aime est bon, *Deus quem* (Deum *s.-ent.*) *amo est bonus.* L'enfant que je favorise est laborieux, *puer cui* (puero, *s.-ent.*) faveo (*faveo* régit le datif) *est impiger.*

EXERCICES.

§ 300. Les voyages que vous avez entrepris [1]. — Les fruits du jardin que je cultive [2]. — Je me sers des livres que vous étudiez [3]. — La vitesse des chevaux que vous avez achetés [4]. — Les jeunes gens que nous favorisons sont dignes de louange [5]. — Le menteur que personne ne croit [6]. — La victoire que nos soldats ont remportée sur les ennemis est décisive [7]. — Dieu que nous servons est le souverain arbitre de toutes choses [8].

Turpe est mentiri.

L'adjectif qui ne se rapporte à aucun nom précédent se met au neutre, et le verbe qui suit se met au *présent* de l'infinitif. Ex. : Il est honteux de mentir, *turpe est mentiri. Turpe* se rapporte à *mentiri* (mentir est honteux).

NOTES DES EXERCICES.

§ 299. 1 Miror, *régit l'acc.*; Cyrus, i, *m.*; qui, quæ; condo, condidi, *régit l'acc.*; imperium. ii, n.; Persæ, arum.

2 Studeo, *régit le dat.*; artes, artium, *f.*; qui, quæ; sum; utilis, is.

3 Virtus, tutis; hic, hæc; mulier, is, *f.*; qui, quæ; sum; modestus, a.

4 Malum, i, *n.*; bellum, i, *n.*; qui, qnæ, quod; sum; pestis, is, *f.*

5 Vis consuetudo, dinis, *f.*; qui, quæ; sum; alter, a, um, natura, æ, *f.*

6 Comparo, as, *régit l'accus.*; scientia, æ, *f.*; qui, quæ; sum; verus thesaurus.

7 Studeo, *régit le dat.*; humaniores, um; litteræ, arum, *f.*; qui, quæ; fallo, is; *régit l'acc.*; tædium, ii, *n*; vita, æ.

8 Exemplum, i, *n.*; magnus vir, i, *m.*; qui, quæ; vivo, vixi; olim.

9 Virtus Atheniensis, is, *m.*; qui, quæ; vinco, vici, *régit l'acc.*; Persæ, arum.

NOTES DES EXERCICES.

§ 300. 1 Iter, itineris, *n.*; qui, quæ, quod; suscipio, suscepi, *v. act. accus.*

2 Pomum, i; hortus, *m.*; qui; colo, is, *act. acc.*

3 Utor, uti, *v. dép. abl.*; liber, bri; qui; studeo, es, *v. neut. dat.*

4 Velocitas equus, ui, *m.*; qui; emo, emi, *v. act. acc.*

5 Adolescens, tis; qui; faveo, es, *v. neut. dat.*; sum; dignus, a, um, *régit l'abl.*; laus, dis.

6 Mendax, *m.*; qui; nemo credo, is, *v. n. dat.*

7 Victoria, *fém.*; qui, quæ; miles, itis, noster, reporto, avi, *v. act. acc.*; de *régit l'abl.*; hostis; is, *m.*; sum, decretorius, a.

8 Deus, *m.*; qui servio, is, *v. n. dat.*; sum, supremus arbiter omnis res, rei, *fém.*

EXERCICES.

§ 301. Il est utile d'étudier [1]. — Il est bon de travailler et de se reposer [2]. — Il est honorable d'être estimé [3]. — Il est louable d'aider les malheureux [4]. — Il est doux et glorieux de mourir pour la patrie [5]—. Il est bon de fuir les méchants [6]. — Il est honteux de vivre dans l'oisiveté [7]. — Il est agréable et utile d'avoir des amis [8]. — Il eût été utile à Alexandre, roi de Macédoine, de maîtriser sa colère [9]. — Il serait pénible de recevoir des bienfaits et de ne pas les rendre [10]. — Il sera agréable de se rappeler les maux passés, et de jouir des biens présents [11]. — Il est facile de critiquer, mais il est difficile de bien faire [12]. — Il a toujours été dangereux de croire légèrement [13].

Deus est sanctus.—Refert adolescentis esse impigrum.

L'adjectif qui suit immédiatement les verbes *sum*, je suis; *fio*, je deviens; *vocor*, je suis appelé; *redeo*, je reviens; *morior*, je meurs; *ducor*, *habeor*, je passe pour, *et tous les verbes qui n'ont pas un sens actif*, se met *au même cas* que le *nom* ou *pronom* qui précède le verbe, et auquel il se rapporte. Ex. : Dieu est saint, *Deus est sanctus*. Je m'appelle lion, *ego nominor leo*. Il ne m'est pas permis d'être paresseux, *mihi non licet esse pigro*. Si cependant le nom qui précède était au génitif, il faudrait mettre *l'adjectif* à l'accusatif. Ex. : Il importe à un jeune homme d'être laborieux, *refert adolescentis esse impigrum* (s.-ent. *ipsum*).

N. B. Pour traduire les exercices suivants, on se rappellera que le verbe s'accorde avec son nominatif en nombre et en personne. Ex. : Dieu est bon, *Deus* (3 pers. sing) *est* (3 pers. sing.) *bonus*. Les hommes écoutent, *homines* (3 pers. plur.) *audiunt* (3 pers. plur.).

EXERCICES.

§ 302. *Néron* était *cruel* [1]. — *Miltiade* mourut *prisonnier* [2]. — *Aristide* vécut *pauvre* [3]. — *Thémistocle* devint *célèbre* [4]. — *Pompée* est appelé *grand* [5].— *César* revint *victorieux* [6]. — *Les Romains* passaient pour *ou* étaient regardés comme *invincibles* [7]. — *L'oi-*

NOTES DES EXERCICES.

§ 301. 1 Utilis, e; sum, es; studeo, ere.

2 Bonus, a, um; sum, es; laboro, as, are; et quiesco, scere.

3 Honestus, a, um; sum; æstimo, are.

4 Laudabilis, e; sum; adjuvo, as, are, *act. acc.*; miser, a, um.

5 Dulcis, ce; et decorus, a, um; sum; morior, mori pro, *abl.*; patria, æ.

6 Bonus, a, um; fugio, gere, *accusat.*; improbus, bi.

7 Turpis, pe; vivo, vivere in, *abl.*; otium, ii.

8 Jucundus, a, um; sum, et utilis, le; habeo, ere, *act. accus.*; amicus; ci.

9 Utilis, e; sum, fui; Alexander; dri; rex, regis; Macedones, num; refræno, as, are, *act. accus.*; suus, a; ira, æ, *f.*

10 Gravis, ve; sum, accipio, ere; beneficium, ii; nec, is, ea, id (*à l'acc. pl. neut.*); rependo, ere, *act. acc.*

11 Jucundus, a, um; sum, es; memini, isse, *act. acc.*; malum; i, *neut.*; præteritus, a, um; et fruor, frui, *abl.*; bonum, i; præsens, tis.

12 Facilis, e; sum, es; carpo, ere; sed difficilis, e; rectè facio, ere.

13 Semper periculosus, a, um; sum, es; credo, ere; leviter.

NOTES DES EXERCICES.

§ 302. 1 Nero, *masc.*; sum, es, eram; crudelis, le.

2 Miltiades, *masc.*; morior, mortuus sum, es; captivus, a, um.

3 Aristides, *masc.*; vivo, vixi, pauper.

4 Themistocles, *masc.*; evado, evasi; inclytus, a, um.

5 Pompeius, *masc.*; vocor, caris; magnus, a, um.

6 Cæsar, *masc.*; redeo, redii, victor, is.

7 Romanus, ni; habeor, habebar, is; invictus, a um.

siveté et *l'orgueil* sont *funestes*[8]. — Vous et votre
sœur, vous êtes *bons*[9]. — *Les ennemis* ont fui *épouvantés*[10]. — *Brutus* et *Tarquin Collatin* furent *les
premiers consuls* de Rome[11]. — *César* devint *le plus
grand* des Romains[12]. — Je pense que *les méchants*,
même lorsqu'ils regorgent de richesses, sont *misérables*[13]. — Je crois que le *sort* de l'homme de bien,
même lorsqu'il est pauvre, est *heureux*[14]. — Je pense
que le *déshonneur* est plus *à craindre* que la mort[15].
— Je crois que les *vertus* ont été *récompensées* et les
vices punis[16]. — *Le combat* resta *douteux*[17]. — Il
n'est jamais permis *à l'homme* d'être *oisif*[18]. — Il importe à un enfant d'être *docile*[19]. — Il *vous* était permis de vivre *heureux*[20]. — Il eût importé à Antoine
d'être plus *tempérant*[21]. — Il importait à Crésus d'être
moins *orgueilleux*[22]. — Il ne nous est pas permis
d'être *injustes*[23].

Avidus laudum. Cupidus videndi.

Certains adjectifs qui viennent des verbes, comme *avidus*, avide;
cupidus, qui désire; *studiosus*, qui a du goût pour; *peritus*, habile dans, etc., gouvernent le génitif, et s'ils sont suivis d'un
infinitif, ils gouvernent le gérondif en *di*. Ex. : Avide de louanges,
avidus laudum; curieux de voir, *cupidus videndi*; de voir la ville,
videndi urbem. Si le verbe gouverne l'accusatif, au lieu du gérondif en *di*, on peut se servir du participe en *dus*, *da*, *dum*, que
l'on met au génitif, avec le nom auquel il se rapporte, en les
faisant accorder en genre, en nombre et en cas, comme *cupidus
videndæ urbis.*

EXERCICES.

§ 303. L'enfant *avide de* gloire est *désireux* d'apprendre[1]. — Ce général est *habile dans* la guerre[2].
— L'homme de bien *se souvient* des bienfaits[3]. — Le
sage *prévoit* l'avenir[4]. — Les jeunes gens sont *désireux*
d'acquérir de la réputation[5]. — L'homme *a la raison* en
partage[6]. — Les Athéniens étaient très-*habiles dans*
la guerre maritime[7]. — L'homme de bien *ne désire pas*

8 Otium, *neut.*; et superbia, *fém.*; sum, funestus, a, um.

9 Tu, *masc.*, et soror, *fém.*, tuus, a, um; sum, bonus, a, um.

10 Hostis, is, *m.*; fugio, fugi, isti, territus, a, um.

11 Brutus, *m.*; et Tarquinius Collatinus, *m.*; sum, fui; primus, a, um; consul, is, *m.*, Roma, æ.

12 Cæsar, *m.*; fio, factus sum; magnus, major, maximus; Romanus, i.

13 Tournez : *Je pense les méchants* (*à l'accus.*), puto, improbus, i; cùm etiam abundo, as (*au subj.*), *régit l'abl.*; divitiæ, arum, *être misérables*, sum, esse; miser, a, um·

14 Tournez : *Je crois le sort* (*à l'accus.*), credo sors, tis, *fém.*, vir, i; bonus, a, um; cùm etiam pauper sum, es (*au subj.*), *être heureux*, sum, esse; felix, icis.

15 Tournez : *Je pense le déshonneur* (*à l'accus.*), puto dedecus, coris, *neut.*, être, sum, esse; magis metuendus, a, um; quàm mors, tis (*à l'accus.*).

16 Tournez : *Je crois les vertus* (*à l'accus.*), credo virtus, tutis, *fém.*; *avoir été récompensées*, sum, fui, remuneratus, a, um, et vitium, ii, *neut.*, punitus, a, um.

17 Pugna, æ, *fém.*; maneo, mansi, *v. neut.*, dubius, a, um, *ou* anceps (*des trois genres*).

18 Nunquàm licet homo, inis; sum, esse; otiosus, i.

19 Refert puer, i; sum, esse; docilis, is.

20 Tu, tui, licet, licuit, licere; vivo, vivere; felix, icis.

21 Refert, retulit, *ou* interest, interfuit; Antonius, ii, *m.*; esse temperans, tis.

22 Refert, referre; Crœsus, i; sum, esse; minùs superbus, i.

23 Nobis non licet, licere; esse injustus, a, um.

NOTES DES EXERCICES.

§ 303. 1 Puer, *masc.*; avidus laus, dis; cupidus, a, um; sum; disco, scere,

2 Dux, *masc.*, ille peritus, a, um, sum; bellum, lli.

3 Vir bonus, *masc.*; memor sum, es; beneficium, ii.

4 Sapiens, *masc.*, providus sum, es; futurum, ri.

5 Adolescens, tis, *masc.*; cupidus sum, es; acquiro, rere, *act. accus.*; fama, æ.

6 Homo particeps; sum, es; ratio, nis.

7 Atheniensis, is, *masc.*; sum; peritus, a, um; bellum, i, *neut.*; navalis, e.

l'argent d'autrui, et est *économe* du sien [8]. — Je suis *curieux de* voir votre frère [9]. — Les enfants bien nés sont *jaloux* d'acquérir de la science [10].

Similis patris ou *patri.*

Similis, semblable ; *par, æqualis*, égal ; *affinis*, allié, gouvernent le génitif ou le datif. Ex : Semblable à son père, *similis patris* ou *patri*. (*Par* et *æqualis* gouvernent plutôt le datif.)

EXERCICES.

§ 304. Le sommeil est *semblable* à la mort [1]. — Il n'est *pas semblable* à son frère [2]. — Germanicus était *pareil* à Alexandre [3]. — Il était *allié* à votre famille [4]. — Le fils est *différent* du père [5]. — L'orgueil *ressemble* à la sottise [6]. — Il est *capable de* remplir cette charge [7]. — Alexandre *ne ressemblait pas* à Philippe [8]. — La vie est *semblable* à une mer orageuse [9].

Mihi utile est.

Les adjectifs *utilis*, utile à ; *commodus*, avantageux à ; *infensus, iratus*, irrité contre ; *assuetus*, accoutumé à ; *aptus, idoneus*, propre à, etc., gouvernent le datif. Ex. : Cela m'est utile, *id mihi utile est* ; corps accoutumé au travail, *corpus assuetum labori*. Quand ces adjectifs sont suivis d'un infinitif français, on met en latin cet infinitif au gérondif en *do*. (Le gérondif en *do* est ici un véritable datif.) Ex. : Corps accoutumé à supporter le travail, *corpus assuetum tolerando laborem*, ou mieux *tolerando labori*, en se servant du participe en *dus, da, dum*, et le faisant accorder avec le nom. On dit aussi *aptus, idoneus, natus ad militiam*, propre à la guerre.

EXERCICES.

§ 305. Plante *utile à* la santé [1]. — Cheval *habitué à* courir [2]. — Nos soldats *habitués à* vaincre l'ennemi [3]. — Votre père *irrité contre* vous [4]. — Les méchants sont *ennemis* des bons [5]. — Le fer est *propre à* la

8. Vir bonus non appetens sum pecunia, æ, *fém.*; alienus, a, um;
   et parcus, a, um; sum; suus, a, um.
9 Sum cupidus video, *act. accus.*; tuus frater, tris.
10 Puer, i, *m.*; ingenuus, a, um; curiosus, a, um; sum; comparo
   as, are, *act. accus.*; doctrina, æ.

NOTES DES EXERCICES.

§ 304. 1 Somnus, ni, *masc.*; similis sum; mors, rtis.
2 Tournez : *Il est dissemblable*, dissimilis sum frater, tris.
3 Germanicus, *masc.*; sum par Alexander, dri.
4 Affinis sum tuus, a, um; familia, æ, *fém.*
5 Filius, *masc.*; sum dispar pater, tris.
6 Superbia, *fém.*; similis sum stultitia, æ.
7 Tournez : *Il est pareil à cette charge devant être remplie.* Par,
   avec le dat.; hic, hæc, hoc, munus, neris, *neut. au dat.*;
   sum obeundus, a, um.
8 Alexander, dri; non par sum, eram; Philippus, pi.
9 Vita, *fém.*; similis sum mare, ris, *neut.*; procellosus, a, um.

NOTES DES EXERCICES.

§ 305. 1 Planta, *fém.*; utilis, le; valetudo, dinis.
2 Equus, *m.*; assuetus, a, um; ourro, ere, endi, endo.
3 Noster, tri; miles, litis, *masc.*; assuetus, ti; vinco, cere, *act.*
   accus.; hostis, is.
4 Tuus pater iratus tu', tui, tibi.
5 Malus, li; sum, inimicus, a, um; bonus, boni.

guerre [6]. — Le bœuf est *utile à* la culture des champs [7]. — La médiocrité est *avantageuse* au sage [8]. — Le dégoût est *voisin* du plaisir [9]. — Les collines exposées au soleil sont *propres à* produire la vigne [10].

Propensus ad lenitatem.

Propensus, *pronus*, *proclivis*, porté à, et tous les adjectifs qui marquent un penchant ou une inclination, une disposition à quelque chose, gouvernent l'accusatif avec *ad*. Ex. : Porté à la douceur, *propensus ad lenitatem*. — Quand ces adjectifs sont suivis d'un infinitif français, on met en latin cet infinitif au gérondif en *dum*. (Le gérondif en *dum* est un véritable accusatif.) Exemple : Prompt à se mettre en colère, *pronus ad irascendum*; à venger une injure, *ad ulciscendum injuriam*, et mieux, *ad ulciscendam injuriam*.

EXERCICES.

§ 306. Les méchants sont *enclins à* nuire aux bons [1]. — Nous sommes *prêts à* faire la guerre [2]. — Le riche est *prompt à* satisfaire ses désirs [3]. — Vous êtes *porté à* cultiver la vertu [4]. — Nous sommes *prêts à* donner la paix aux ennemis [5]. — Les sots sont *enclins à* l'orgueil [6]. — L'homme est *né pour* pratiquer la justice [7].

ADJECTIFS QUI GOUVERNENT L'ABLATIF.

Præditus virtute.

Præditus, doué de; *dignus*, digne de; *indignus*, indigne de; *contentus*, content de, etc., gouvernent l'ablatif. Exemples : Jeune homme doué de vertu, *adolescens virtute præditus*; digne de louange, *dignus laude*; content de son sort, *contentus suâ sorte*.

EXERCICES.

§ 307. Ce poëte est *doué d'*un grand génie [1]. L'homme n'est pas *content de* son sort [2]. Xerxès était *comblé de* tous les dons de la fortune [3]. — Votre conduite est *digne de* louange [4]. — L'homme *privé de* raison est semblable à la brute [5]. — Le sage est *content*

6 Ferrum, i, *neut.*; aptus, a, um; sum; bellum, lli.
7 Bós, *masc.*; utilis sum, cultura, æ; ager, gri; *ou* colo, lere, *act. accus.*; ager, agri, *masc.*
8 Mediocritas, *fém.*; commodus, a, um; sapiens, tis.
9 Fastidium, *neut.*; proximus, a, um; voluptas, tatis.
10 Collis, llis, *masc.*; apricus, ca, cum (*au soleil* ne se rend pas); commodus, a, um; sum; gigno, gignere, *act. acc.*; vitis, is, *fém.*

NOTES DES EXERCICES.

§ 306. 1 Malus, li; proclivis, ve; sum ad noceo, ere, *neut. dat.*; bonus, ni.
2 Paratus, a, um; sum; bellum gero, gerere, *act. acc.*
3 Dives promptus sum ad indulgeo, ere, *neut. dat.*; cupiditas, ta-tis, *fém.*; suus, a, um.
4 Propensus sum ad colo, colere, *act. acc.*; virtus, tutis, *fém.*
5 Paratus sum ad concedo, dere, *act. accus.*; pax, cis, *fém.*; hostis; is.
6 Stultus, ti, *masc.*; sum proclivis, ve; ad superbia, æ.
7 Homo, *masc.*; natus sum ad colo, colere, *act. accus.*; justitia, æ, *fém.*

NOTES DES EXERCICES.

§ 307. 1 Hic, hæc hoc; poeta, *masc.*; sum præditus; magnus, a, um; ingenium, ii, *neut.*
2 Homo, *masc.*; non sum contentus, a, um; suus, a, um; sors, sortis, *fém.*
3 Xerxes, *masc.*; refertus, a, um; sum omnis; ne; donum, ni, *neut.*; fortuna, æ.
4 Tuus, a, um; agendi ratio, *fém.*; dignus, a, um; laus, laudis.
5 Homo destitutus ratio, nis; similis sum bestia, æ.

de peu [6]. — L'aigle est *pourvu de* grandes ailes [7]. — Ces plaisirs sont *indignes* de vous [8]. — Ce pays est *sans* habitants (est *vide* d'habitants) [9].

Mirabile visu.

Après les adjectifs *admirable à*, *facile à*, *difficile à*, etc., l'infinitif français se rend par le supin en *u*. Exemple : Chose admirable à voir (tournez à être vue), *res visu mirabilis* ou *mirabile visu*. (Quand on n'exprime par le mot chose, l'adjectif latin se met au neutre; on sous-entend *negotium*.) Chose facile à dire, *res dictu facilis*, à trouver, *inventu*.

Si le verbe latin n'a point de supin, tournez la phrase de cette manière : La leçon est difficile à étudier; dites, il est difficile d'étudier la leçon, *difficile est studere ediscendis*. Cette dernière construction est la plus usitée.

EXERCICES.

§ 308. Le langage de la vérité est utile *à entendre* [1]. — La chair du paon est difficile *à digérer* [2]. — Cela est merveilleux *à raconter* [3]. — Un ami fidèle est difficile *à trouver* [4]. — La pauvreté est dure *à supporter* [5]. — Le visage d'un homme en colère est hideux *à voir* [6].

L'histoire est agréable *à étudier* [7]. — Dieu est facile *à servir* [8]. — Les hommes sont difficiles *à contenter* [9]. — Les préceptes de la religion sont utiles *à suivre* [10]. — Cette montagne est difficile *à gravir* [11].

RÉCAPITULATION GÉNÉRALE SUR LE RÉGIME DES ADJECTIFS.

§ 309. L'homme généreux *oublie* de se venger, et *se souvient* de pardonner [1]. — Néron parut *né* pour détruire Rome [2]. — Le mal facile *à faire* est difficile *à réparer* [3]. — Thémistocle ne *savait pas* jouer de la lyre [4]. — Diogène, *content* de sa pauvreté, méprisait les richesses [5]. — Les parents sont *disposés à* oublier

6 Sapiens contentus sum parvum, parvi.
7 Aquila, æ, *fém.*; sum instructus, a, um; magnus, a, um; ala,
æ, *fém.*
8 Iste, a, ud; voluptas, tatis, *fém.*; sum indignus, a, um; tu,
tui.
9 Hic, hæc regio, *fém.*; sum vacuus, a, um; incola, æ.

NOTES DES EXERCICES.

§ 308. 1 Sermo, *m.*; veritas, tatis; utilis, sum audio, ire,
itum.
2 Caro, *f.*; pavo, nis; difficilis sum concoquo, xi, ctum.
3 Hoc, *n.*; mirabilis, e; sum; narro, as, atum.
4 Amicus, *m.*; fidelis sum difficilis invenio, inventum.
5 Paupertas sum durus, a, um; tolero, as, atum.
6 Facies, *f.*; homo, minis, *m.*; iratus, a, um; fœdus, a, um;
video, visum.
7 Historia, æ, *f.*; sum jucundus, a, um; studeo, es, ere, *v.*
neut. dat., sans supin.
8 Deus, Dei; facilis, le; servio, servire, *v. n. dat.*
9 Homo, minis; difficilis le; sum satisfacio, cere, *v. n. dat.*
10 Præceptum, i, *n.*; religio, nis; sum utilis, le; pareo, ere, *v.*
n. dat. Tournez : *Il est utile d'obéir aux préceptes*, etc.
11 Hic mons, tis, *m.*; arduus, a, um; sum scando, dere, *act.*
acc.

NOTES DES EXERCICES.

§ 309. 1 Homo generosus sum, es; immemor, ulciscor, ulcisci,
et memor sum, es; ignosco, cere.
2 Nero, *m.*; videor, visus fui; natus, a, um...; deleo, es, *act.*;
Roma, æ.
3 Tournez : *Il est facile de faire le mal, et difficile de le réparer*,
facilis, e; sum, malum facio, ere; difficilis, e; sarcio, ire.
4 Themistocles, *m.*; rudis sum, eram; pulso, are, *act.*; lyra, æ.
5 Diogenes contentus paupertas, tatis; contemno, is, *act.*; divitiæ,
arum.

les torts de leurs enfants [6]. — Les héros étaient *alliés* aux dieux et aux déesses [7]. — L'homme *qui se souvient* des injures et *oublie* les bienfaits est méprisable [8]. — Socrate était *doué* d'une constance admirable [9]. — David était *habile à* jouer de la harpe [10]. — L'Espagne est *voisine* des Gaules [11]. — Votre père est *irrité contre* vous [12]. — Les pauvres sont *habitués* à mener une vie frugale [13]. — Un homme *porté* à la colère, et qui n'est pas *habitué* à maîtriser ses passions, *ressemble* aux bêtes *privées* de raison [14].

SYNTAXE DES COMPARATIFS ET DES SUPERLATIFS.

Après le comparatif exprimé par un seul mot latin, on met le nom à l'ablatif, en supprimant le *que*. Exemples: Plus savant que Pierre, *doctior Petro*. La vertu est plus précieuse que l'or, *virtus est prœtiosior auro*. (On sous-entend *prœ*, en comparaison de.)

Remarque. On peut après le comparatif exprimer *que* par *quàm*, et mettre après le même cas que devant. Ex.: Paul est plus savant que Pierre, *Paulus est doctior quàm Petrus*.

EXERCICES.

§ 310. Le tigre est plus cruel que le lion [1]. — Le soleil est plus grand que la terre [2]. — L'homme instruit est plus heureux que l'homme riche [3]. — La campagne est plus agréable que la ville [4]. — Les Carthaginois étaient plus cruels que les Romains [5]. — Un flatteur est pire qu'un ennemi [6]. — L'oisiveté et les richesses sont plus funestes à un peuple que tous les dangers de la guerre [7]. — Le fer est plus utile que l'or [8]. — l'Europe est plus petite que l'Asie [9].

Felicior quàm prudentior.
Felicius quàm prudentius.

Quand après un comparatif le *que* est suivi d'un adjectif ou d'un adverbe, cet adjectif ou cet adverbe se met encore au compa-

6 Parens, tis; pronus, a, um; ad obliviscor, isci, *acc.*; error,
is; liberi, orum; suus, a, um.
7 Heros, ois; affinis, sum; dii, deorum; et dea, æ.
8 Homo memor injuria, æ; et immemor beneficium, ii; sum, es;
contemnendus.
9 Socrates præditus sum, eram; constantia, æ; mirus, a.
10 David; peritus sum; pulso, as, *act.*; cithara, æ.
11 Hispania; sum; conterminus, a (*régit. le dat.*); Galliæ; arum.
12 Tuus pater, *m.*; iratus sum; tu, tui.
13 Pauper, is; assuetus, a, um, vita, æ; frugaliter degendus, a,
um.
14 Homo pronus...; ira, æ; nec assuetus refræno, as, *act.*; cupiditas, tatis, *fém.*; similis sum bestia, æ; expers, ertis; ratio,
nis.

NOTES DES EXERCICES.

§ 210. 1 Tigris, *f.*; sum sævus, a, um; leo, nis.
2 Sol, *m.*; amplus, a, um, terra, æ.
3 Homo, *m.*; doctus, a, um; sum felix; homo, inis; dives, vitis.
4 Rus, *n.*; amœnus, a, um; urbs, bis.
5 Carthaginiensis, is, *m.*; sum, eram; crudelis; Romanus, ni.
6 Adulator, *m.*; malus, pejor; inimicus, ci.
7 Otium, *n.*, et divitiæ, *f.*; sum funestus, a, um; populus, i (un
ne se rend pas); omnis, ne; periculum, *n.*; bellum, lli.
8 Ferrum, *n* ; utilis, le; aurum, ri.
9 Europa parvus, minor; Asia, æ.

ratif et au même cas que le premier. Exemples : il est plus heureux que prudent, *felicior est quàm prudentior*. Ils envoyèrent un général plus hardi qu'habile, *miserunt ducem audaciorem quàm peritiorem*. Il a agi plus heureusement que prudemment, *egit feliciùs quàm prudentiùs*. (Avec plus de bonheur que de prudence.)

EXERCICES.

§ 311. Le jardin est plus long que large [1]. — Cette paix est plus glorieuse qu'utile [2]. — La gloire des armes est plus brillante que solide [3]. — L'oisiveté est plus funèste qu'agréable [4]. — L'armée a combattu avec plus de bravoure que de bonheur [5]. — Les Athéniens firent la guerre en Sicile avec plus d'ambition que de succès [6]. — Les anciens Romains vivaient avec plus de simplicité que de magnificence [7]. — Je trouve votre ami plus riche qu'heureux [8].

Magis pius quàm tu.

Quand l'adjectif latin n'a point de comparatif, on exprime *plus* par *magis*, et alors le *que* s'exprime toujours par *quàm*, avec même cas que devant. Exemple : Il est plus pieux que vous, *magis pius est quàm tu*.

REMARQUE. Presque tous les adjectifs qui finissent par *eus*, *ius*, *uus*, n'ont ni comparatif ni superlatif en latin.

EXERCICES.

§ 312. Philippe était plus sobre qu'Alexandre [1]. — Ce vieillard est encore plus actif que ce jeune homme [2]. — La voix du rossignol est plus mélodieuse que la voix des autres oiseaux [3]. — Le Rhône est plus rapide que la Saône [4]. — L'homme est quelquefois plus féroce que le tigre [5]. — Le chemin de la vertu est plus escarpé que le chemin du vice [6].

Doctior est quàm putas.

Si le *que* après le comparatif est suivi d'un verbe, on exprime toujours *que*, et l'on met en latin le même temps que dans le

NOTES DES EXERCICES.

§ 311. 1 Hortus, *m.* ; sum longus quàm latus.

2 Hic, hæc ; pax *f.* ; sum gloriosus, a, um ; quàm utilis, le.

3 Gloria, *f.* ; arma, orum ; splendidus, a, um ; quàm solidus, a, um.

4 Otium, *n.* ; sum funestus, a, um ; quàm jucundus, a, um.

5 Exercitus, *m.* ; pugno, avi ; fortiter, fortiùs ; quàm feliciter, feliciùs.

6 Atheniensis gero, gessi, *act. acc.* ; bellum, i ; in, *abl.* ; Sicilia, æ ; cupidè, diùs ; quàm feliciter, ciùs.

7 Vetus, teris ; Romanus, i ; vivo, ere ; simpliciter, pliciùs ; quàm magnificè, centiùs.

8 Invenio, *act. accus.* ; tuus amicus, ci ; dives, ditior ; quàm felix, felicior.

NOTES DES EXERCICES.

§ 312. 1 Philippus sum sobrius quàm Alexander.

2 Hic senex sum adhùc strenuus hic adolescens, tis.

3 Vox. *f.* ; luscinia, æ ; sum canorus, a, um ; vox, vocis ; cæteri, æ ; avis, is, *f.*

4 Rhodanus, *m.* ; sum præceps Arar.

5 Homo nonnunquàm ferus sum tigris.

6 Via, *f.* ; virtus, tutis ; sum arduus, a, um ; via ; vitium, ii.

français. Ex. : Il est plus savant que vous ne pensez, *doctior est quàm putas.* (*Ne* qui suit le comparatif français ne s'exprime point en latin.) Rien n'est plus honteux que de mentir, *nihil turpius est quàm mentiri.* (*De* ne se rend pas.)

EXERCICES.

§ 313. Le travail est plus utile que vous ne pensez [1]. — Rien n'est plus funeste que de vivre dans l'oisiveté [2]. — Il est plus difficile de vaincre ses passions que de vaincre ses ennemis [3]. — Les Grecs étaient plus redoutables que Xerxès ne le pensait [4]. — Cet homme est plus instruit qu'il ne le dit [5]. — Cette maison est plus grande que vous ne l'avez cru [6]. — Cette montagne est plus escarpée qu'elle ne le paraît [7].

SUPERLATIF.

Altissima arborum, ou *ex arboribus,* ou *inter arbores.*

Le superlatif veut le nom *pluriel* qui le suit, au génitif, ou à l'ablatif avec *ex,* ou à l'accusatif avec *inter.* Ex : Le plus haut des arbres, *altissima arborum,* ou *ex arboribus,* ou *inter arbores.* — Le superlatif prend, en général, le même genre que le nom pluriel qui le suit : *altissima* est du féminin, parce que son régime *arborum* est du féminin. — Mais si le régime du superlatif était un nom *singulier,* le superlatif ne s'accorderait pas en genre avec ce nom, et alors il ne gouvernerait que le génitif. Ex. : Le plus riche de la ville, *ditissimus urbis.* (On sous-entend *homo.*)

EXERCICES.

§ 314. La plus belle des villes [1]. — Le plus habile des généraux [2]. — Le plus saint des temples [3]. — Démosthène a été le plus éloquent des orateurs [4]. — Titus a été le meilleur des princes [5]. — La rose est la plus belle des fleurs [6]. — Londres est la plus grande des villes de l'Europe [7]. — Le lion est le plus généreux des animaux sauvages [8]. — Homère et Virgile sont les plus

NOTES DES EXERCICES.

§ 313. 1 Labor, *masc* ; sum utilis quàm puto, as.
2 Nihil, *neut.*; funestus, a, um; quàm vivo, ere; in otio.
3 Difficilis; le; sum vinco, cere, *act. accus.*; suus, a, um; cupiditas, tatis, *fém.*; quàm vinco, cere; suus, a, um; hostis, tis,
masc.
4 Græcus, ci; sum, eram, magis metuendus, a, um; quàm
Xerxes puto, as. (*Ne* et *le* ne se traduisent pas.)
5 Hic homo doctus sum quàm dico, cis.
6 Hic, hæc; domus, *fém.*; sum amplus, a; quàm credo, didi.
7 Hic mons, *masc.*; sum arduus; quàm videor, eris.

NOTES DES EXERCICES.

§ 314. 1 Pulcherrimus, a, um; urbs, bis, *fém.*
2 Peritus, a, um; dux, ducis, *masc.*
3 Sanctissimus, a, um; templum, pli, *neut.*
4 Demosthenes sum, fui; eloquentissimus, a, um; orator, is,
masc.
5 Titus sum, fui; optimus, a, um, princeps, cipis, *masc.*
6 Rosa sum pulcherrimus, a, um; flos, floris, *masc.*
7 Londinum, *neut.*; sum amplissimus, a, um; urbs, bis, *fém.*;
Europa, æ.
8 Leo sum generosissimus, a, um, fera, æ, *fém.*

grands poëtes de l'antiquité [9]. — Crassus était le ci-
toyen le plus riche de Rome [10]. — Les Carthaginois et les
Romains étaient les nations les plus puissantes des
temps anciens [11].

Validior manuum.

Quand on ne parle que de deux choses, au lieu du superlatif
qui est dans le français, on met le comparatif en latin. Ex. : La
plus forte des deux mains, *validior manuum.*

N. B. Dans ces phrases, il est inutile de rendre *deux.*

EXERCICES.

§ 315. Le plus savant de ces deux hommes [1]. — La
plus belle de ces deux fleurs [2]. — Le plus courageux des
deux soldats [3]. — Le plus éloquent des deux orateurs [4].
— Le plus agile des deux chevaux [5]. — Scipion et
Annibal étaient deux habiles généraux ; mais Scipion
fut le plus habile [6]. — Néron èt Domitien étaient deux
princes très-cruels ; mais Néron fut le plus cruel. [7].—
Le plus riche de ces deux hommes n'est pas le plus
heureux [8]. — Le plus âgé de ces deux enfants n'est pas
le plus savant [9].

Maximè omnium conspicuus.

Quand l'adjectif latin n'a point de superlatif, on se sert de *maximè* avec le positif. Ex. : Le plus remarquable de tous, *maximè
omnium conspicuus.*

EXERCICES.

§ 316. Le plus distingué des généraux [1]. — Le
plus vain des plaisirs [2]. — Le plus féroce des animaux. [3]
— Les heures les plus convenables [4]. — Les pâtu-
rages les plus riches [5]. — Caligula fut le plus insensé
des princes [6]. — Le chemin de la fortune est le plus
glissant de tous [7]. — Les sots enrichis sont les plus in-
solents des hommes [8]. — L'ambition est la plus perni-

9 **Homerus et Virgilius sum maximus poeta, æ, *masc.*; antiquitas,** tatis.

10 **Crassus sum, eram, civis, *masc.*; ditissimus, a, um; Roma,** æ.

11 **Carthaginiensis, is; et Romanus, i; fui, isti; gens, tis, *fém.*;** potens, tentis; priscus, a; ætas, tatis, *fém.*

NOTES DES EXERCICES.

§ 315. 1 Doctus, a, um; hic, hæc, hoc; homo, minis, *masc.*
2 Pulcher, chra, um; hic flos, floris, *masc.*
3 Fortis, te, miles, militis, *masc.*
4 Eloquens orator, is, *masc.*
5 Agilis, le; equus, qui, *masc.*
6 Scipio et Annibal sum, eram; peritus, a, um; dux, cis; sed Scipio fui peritus, a, um. ·
7 Nero et Domitianus eram princeps, cipis; crudelis, le; sed Nero fui crudelis.
8 Dives, ditior; hic homo, hominis; non sum, es; felix.
9 Natu major; maximus; hic puer non sum, es, doctus.

NOTES DES EXERCICES.

§ 316. 1 Inclytus, a, um; dux, ducis.
2 Vanus, a, um; voluptas, tatis, *fém.*
3 Ferus, a, um; animal, *neut.*
4 Hora, æ, *f.*; tempestivus, a, um.
5 Pascua, *pl. n.*; herbidus, a, um.
6 Caligula fui insanus princeps, cipis, *masc.*
7 Via, *fém.*; ad fortunam sum; lubricus, a, um; omnis, ne.
8 Insipiens, tis; fortunatus, a, um; sum protervus homo, minis.

cieuse des passions [9]. — L'orgueil est le plus aveugle
des vices [10].

Optimus quisque illi favet.

Quand le superlatif pluriel n'est pas suivi d'un génitif, il faut
ajouter *quisque* au superlatif latin. Ex. : Les plus honnêtes gens le
favorisent, *optimus quisque illi favet.*

EXERCICES.

§ 317. Les plus honnêtes gens sont exposés à l'en-
vie [1]. — Les princes les plus méchants sont loués par
les flatteurs [2]. — Les villes les plus florissantes ont été
détruites par la guerre [3]. — Tous les vices les plus honteux viennent de l'ignorance [4]. — Les meilleures choses
passent promptement [5].

Unus militum.

Les noms que l'on nomme *partitifs*, c'est-à-dire qui marquent
la partie d'un plus grand nombre, comme *unus, quis, aliquis,
nemo, multus, plerique, solus, quilibet*, etc., gouvernent le
même cas que le superlatif. Ex : Un des soldats, *unus militum*,
ou *ex militibus*, ou *inter milites.* — Qui de nous, *quis nostrûm*
et non pas *nostrî;* qui de vous, *quis vestrûm.* On ne se sert de
nostri, vestri, qu'après un verbe ou un nom qui n'est point par-
titif, comme : Ayez pitié de nous, *miserere nostri.* La meilleure
partie de nous-mêmes, c'est l'âme, *melior pars nostri est animus.*

EXERCICES.

§ 318. Un de mes amis [1]. — Seul de tous les généraux [2]. — Quelqu'un d'entre vous [3]. — La plupart
des hommes [4]. — Personne de nous [5]. — Plusieurs
d'entre vos condisciples [6]. — Peu d'entre nos soldats
ont péri [7]. — Quelques-uns des ennemis ont résisté [8]. —
Deux de mes amis viendront [9].

L'amour de soi est aveugle [1]. — Dieu prend soin de
nous [2]. — Il a pitié de toi, de vous, de moi, de nous [3].
— Je ne vous oublierai jamais [4].

9 Ambitio, *fém.*; sum exitialis cupiditas, tatis, *fém.*
10 Superbia sum cæcus, a um; vitium, ii, *neut.*

NOTES DES EXERCICES.

§ 317. 1 Bonus, melior, optimus; quisque, quæque, quodque; obnoxius sum invidia, æ.
2 Malus, pejor, pessimus......; princeps laudor, aris; ab, *abl.*; adulator, is.
3 Florens, tiór, tissimus......; urbs, *f.*; evertor, eversus, a, um; fui; bellum, i, *ablat.*
4 Turpis, ior, issimus......; vitium, ii, *neut.*; orior, iris, ex, *abl.*; ignorantia, æ.
5 Bonus, melior, optimus, a, um; quæque, *pl. neut.*; celeriter abeo, bis.

NOTES DES EXERCICES.

§ 318. 1 Unus meus amicus, ci.
2 Solus omnis dux, cis, *m.*
3 Aliquis... vos...
4 Plerique homines, um.
5 Nemo nos, nostrûm.
6 Multus, a, um...; tuus condiscipulus, i, *masc.*
7 Pauci, cæ, ca; noster, tri; miles, litis; pereo, perii.
8 Aliquis, qua, quod *ou* quidam; hostis, is, *masc.*; resisto, restiti.
9 Duo meus, i; amicus, ci; venio.

1 Amor sui, sibi; sum cæcus.
2 Deus curam gero, is; nostrûm, tri.
3 Misereor, eris, *gén.*; tu, vos, ego, nos.
4 Nunquàm tu, tuî; immemor sum, ero.

SYNTAXE DES VERBES.

Ego audio.

Tout verbe, quand il n'est pas à l'infinitif, s'accorde avec son nominatif en nombre et en personne. Ex. : J'écoute, *ego audio;* vous enseignez, *tu doces;* il lit, *ille legit.*

EXERCICES.

§ 319. L'enfant écoute [1]. — Tu attendais [2]. — Nous venions [3]. — César fut vainqueur; Pompée fut vaincu [4]. — Les hommes se trompent [5]. — Ce secret a été caché. Ces secrets ont été cachés [6]. — Nous serons loués [7]. — Ces femmes auront été louées [8]. — Les livres ont été lus; ils auront été lus [9]. — Vous avez admiré [10]. — Que le vulgaire admire, ait admiré [11]. — Les spectateurs auront admiré, auraient admiré [12]. — Que le fils soit aimé, qu'il ait été aimé [13]. — La ville aura été bâtie, elle aurait été bâtie [14].

On sous-entend ordinairement le pronom nominatif, cependant il faut l'exprimer quand il y a deux verbes dont le sens est opposé ou quand la phrase contient quelque chose de vif.

§ 320. Ton frère est laborieux; toi, tu es paresseux [1]. — Tu oses agir ainsi [2]! — Moi, je suis triste; vous vous réjouissez [3]. — Ils sont fiers, et vous êtes modestes [4].

Petrus et Paulus ludunt.

Quand un verbe a deux nominatifs singuliers, on met ce verbe au pluriel, parce que deux singuliers valent un pluriel. Ex. : Pierre et Paul jouent, *Petrus et Paulus ludunt.*

EXERCICES.

§ 321. La flatterie et l'orgueil sont funestes [1]. — L'amour des plaisirs et le dégoût du travail engen-

NOTES DES EXERCICES.

§ 319. 1 Puer audio, is.
2 Exspecto, as.
3 Venio, is, ire.
4 Cæsar, *m.*; sum victor; Pompeius vinco, vici, victum, *v. act.*
5 Homo, inis; erro, as, *v. n.* (*errent*).
6 Hic, hæc, hoc; arcanum; *n.*; celo, as, avi, atum, *act.*
7 Laudo, as, *act.*
8 Hic, hæc; mulier, is, *f.*; laudo, as.
9 Liber, bri, *m.*; lego, lectum, *act.*
10 Miror, aris.
11 Vulgus, gi, *n.*; miror...
12 Spectans, tis, *m.*; miror.
13 Filius, *m.*; amo.
14 Urbs, *f.*; ædifico, as, atum.

§ 320. 1 Frater sum impiger,... piger.
2... Audeo, erc; ago, gere, sic.
3 Mœreo... lætor, ari.
4... Superbus sum... modestus sum.

NOTES DES EXERCICES.

§ 321. 1 Adulatio, *f.*; et superbia, *f.*; sum funestus, a, um.

drent la tristesse [2]. — Votre père et votre frère viendront [3]. — Le laboureur et le berger vivent heureux [4].
— Le riche et le pauvre doivent mourir [5]. — La pauvreté et le désintéressement étaient en honneur chez
les anciens [6]. —L'ambition et le luxe étaient méprisés [7].
— L'agriculture et le commerce fleurissent dans le
royaume, et procurent de grandes richesses aux habitants [8].

Ego et tu valemus.

Si les nominatifs d'un même verbe sont de différentes personnes,
le verbe prend la plus noble de ces personnes ; la première est plus
noble que les deux autres, la seconde est plus noble que la troisième.
Ex. : Vous et moi, nous nous portons bien, *ego et tu valemus.*
Vous et votre frère, vous causez, *tu fraterque garritis.* — En français, la première personne se nomme après les autres ; c'est le con-
traire en latin.

EXERCICES.

§ 322. Vous et moi, nous partirons demain [1]. —
Lui et nous, nous sommes venus [2]. — Toi et lui, vous
êtes attendus [3]. — Nos amis et nous, nous craignons [4].
— Vous et votre ami, vous serez loués [5]. — Votre
père et moi, nous admirons [6]. — Ton frère et toi, vous
avez voulu [7]. —Vous et lui, vous ne seriez pas partis [8].
— Votre fils et moi, nous avions lu [9].

Amo Deum.

Tout verbe actif gouverne l'accusatif. Ex. : J'aime Dieu, *amo
Deum;* vous instruisez les enfants, *doces pueros;* il écoute le
maître, *audit magistrum.*

Imitor patrem.

Plusieurs verbes déponents ont un sens actif et gouvernent l'accusatif. Ex. : J'imite mon père, *imitor patrem;* nous admirons la
vertu, *miramur virtutem.*
Le régime du verbe actif peut être marqué par *de*, *du*, *des*, mais
il faut toujours le mettre à l'*accusatif*, et non au *génitif*.

2 Amor, *m.*; voluptas, tatis ; et tædium , *n.*; labor, is ; pario, is, cre , *act. accusat.*; tristitia , æ.

3 Tuus pater et tuus frater venio , is.

4 Arator, is, *m.*; et pastor, is , *m.*; vivo , is; felix, cis.

5 Dives et pauper debeo morior, ri.

6 Paupertas et abstinentia sum in, *abl.*; honor, is , apud, *acc.*; vetus , teris.

7 Ambitio et luxuria contemno, is, ere, *act.*

8 Agricultura et mercatura floreo, es; in, *abl.*; regnum , i; et affero, fers , *act. acc.*; magnus, a, um ; divitiæ , arum , *fém. pl.*; incola, æ.

NOTES DES EXERCICES.

§ 322. 1 Proficiscor, sceris , cisci; cras.

2... Venio , is, veni, *v. neut.*

3... Exspecto, as, are, *v. a.*

4... Timeo , es.

5... Laudo , as.

6 .. Miror, aris.

7... Volo , volui.

8... Non proficiscor, sceris , fectus sum.

9... Filius lego , legi.

EXERCICES.

§ 323. Scipion vainquit Annibal [1]. — Tous les hommes haïssent l'ingrat [2]. — Nous avons entrepris ce voyage [3]. — Vous respectez les vieillards [4]. — Les vices poursuivent les vertus; mais les vertus triomphent des vices [5]. — L'étude des lettres nourrit la jeunesse et charme la vieillesse [6]. — Le sot désire des richesses, le sage acquiert de la science [7]. — J'attends deux de mes amis [8]. — La France a produit beaucoup de grands hommes [9]. — Le sage suit Dieu [10]. — Vous n'avez pas imité votre frère [11]. — La vertu doit toujours diriger les actions des hommes [12].

Do vestem pauperi.

Les verbes qui signifient *donner*, *dire*, *promettre*, etc., veulent au datif leur régime indirect marqué par *à*. Ex. : Je donne un habit au pauvre, *do vestem pauperi*. Dieu promet une vie éternelle au juste, *Deus vitam æternam justo promittit*.

Il faut remarquer que les pronoms *me*, *te*, *lui*, *nous*, *vous*, *leur*, placés devant les verbes, comme je *te*, je *lui*, je *leur* donne, Pierre *nous* donne, *vous* donne un livre, se tourne par *à toi*, *à lui*, *à eux*, *à nous*, *à vous*, et se mettent au datif, parce qu'ils sont régimes indirects. Ex. : *Ego tibi, illi, illis, do librum; Petrus nobis, vobis dat librum*; mais les pronoms *me*, *le*, *la*, *les*, peuvent être régimes directs, et se mettent alors à l'accusatif. Ex. : Vous m'aimez, c'est-à-dire vous aimez moi, *me amas;* vous les voyez (vous voyez eux), *eos vides*, etc.

EXERCICES.

§ 324. Je donne du pain aux pauvres [1]. — Vous rendez service a vos amis [2]. — Il a offert de l'argent à son frère [3]. — Nous avons apporté des livres à cet enfant [4]. — Votre père vous a promis une récompense; il vous la donnera [5]. — Timoléon rendit la liberté aux Syracusains [6]. — Nous vous annonçons l'arrivée de votre ami [7]. — Les prophètes prédisaient l'avenir aux hommes [8]. — Les traîtres ont livré la ville aux enne-

NOTES DES EXERCICES.

§ 323. 1 Scipio vinco, vici, *act.*; Annibal, is.
2 Omnis homo, inis; odi, odisse, *act.;* ingratus, ti.
3 Suscipio, cepi, *act.*; iter, itineris, *n.*
4 Vereor, eris, *acc.*; senex, senis.
5 Vitium, ii, *n.*; insector, aris, *acc.*; virtus, tutis; sed virtus vinco, is, *act.*; vitium.
6 Studium, ii; litteræ, arum; alo, is, *act.*; juventus, tutis; et oblecto, as, *act.*; senectus, tutis.
7 Stultus cupio, is, *act.*; divitiæ, arum; sapiens comparo, as, *act*; doctrina, æ.
8 Exspecto, as, *act.*; duo meus amicus.
9 Gallia gigno, genui, *act.*; multus, a, um; et magnus vir, i.
10 Sapiens sequor, eris, *acc.*; Deus, i.
11 Non imitor, aris, *acc.*; tuus frater, tris, *m.*
12 Virtus debeo, es; semper moderor, ari, *acc.*; factum, i, *n.*; homo.

NOTES DES EXERCICES.

§ 324. 1 Do, *act.*; panis, is; pauper, is.
2 Officium præsto, as, *act.*; amicus.
3 Offero, obtuli, *act.*; pecunia, æ; frater, tris,
4 Affero, attuli, *act.*; liber, bri; hic puer.
5 Pater tuus; tu, tuî; polliceor, eris, citus sum, *acc.*; merces, dis; do, das; is, ea; tu, tuî.
6 Timoleon restituo, tui, *act.*; libertas, tatis; Syracusanus, i.
7 Nuntio, ias, *act.*; tu, tuî; adventus, ûs; tuus amicus.
8 Propheta, æ; prænuntio, as, are, *act.*; futura, orum, *pl. n.*; homo.

mis [9]. — Vous m'avez avoué votre faute, et je vous la pardonne [10].

Amor à Deo.

Le régime du verbe passif se met à l'ablatif avec *à* ou *ab*, quand c'est un nom de chose animée. Ex. : Je suis aimé de Dieu, *amor à Deo.*

Mœrore conficior.

Quand le régime du verbe passif est un nom de chose inanimée, on met l'ablatif, sans préposition. Ex. : Je suis accablé de chagrin, *mœrore conficior.*

Rem. — *De*, *du*, *des*, placés devant le verbe, au commencement de la phrase, ne marquent pas le génitif, mais le nominatif, et doivent *se mettre à ce cas.* Ex. : Des livres nous ont été offerts, *libri* (et non *librorum*) *oblati sunt nobis.*

EXERCICES.

§ 325. Les grands hommes sont loués par les historiens [1]. — Ce livre a été composé par un orateur célèbre [2]. — Les Carthaginois ont été vaincus par les Romains [3]. — Nous sommes accablés par le malheur [4]. — Les mœurs ont été corrompues par les richesses et le luxe [5]. — Vous êtes effrayés de la colère de cet homme [6]. — De grandes défaites on été essuyées par les ennemis [7]. — Ces arbres ont été brisés par le vent [8]. — Ce vaisseau a été englouti par les flots [9]. — Des armées nombreuses ont été vaincues par le courage de nos soldats [10]. — L'Amérique a été découverte par Chistophe Colomb [11].

Studeo grammaticœ.

La plupart des verbes neutres gouvernent le datif. Il faut remarquer que le verbe peut être *actif en français* et *neutre en latin.* Ex. : J'étudie (*v. act.*) la grammaire, *studeo* (verbe neut.) *grammaticœ.* Il a satisfait le maître, *satisfecit præceptori.*

EXERCICES.

§ 326. Il faut soigner sa réputation [1]. — Les vices

9 Proditor, is, trado, didi, *act.*; urbs, bis; hostis, is.
10 Confiteor, fessus sum, *acc.*; ego, meî; culpa, æ, *f.*; et is, ea,
tu, tuî; condono.

NOTES DES EXERCICES.

§ 325. 1 Magnus vir laudo, are, *act.;* historicus, ci.
2 Liber scribo, ptum, bere, *act.*; orator, is, *m.*; celeber, bris.
3 Carthaginiensis, *m.;* vinco, victum, vincere, *act.*; Romanus,
ni.
4 Premo, mere, *act.;* calamitas, tatis.
5 Mores *m. pl.*; corrumpo, ruptum, umpere, *act.*; divitiæ, arum;
et luxus, ûs.
6 Terreo, ere, *act.*; ira, æ; hic homo.
7 Ingens, tis; clades, dis; *f.*; accipio, ceptum, ipere, *act.*; hostis,
is.
8 Arbor, is, *f.*; frango, fractum, frangere, *act.*; ventus, i.
9 Navis, *f.*: haurio, hausi, haustum, *act.;* fluctus, ûs.
10 Exercitus, ûs, *m.*; numerosus, a, um; vinco, victum, *act.*;
fortitudo, dinis; noster, ra, rum; miles, litis.
11 America, cæ, *f.*; invenio, inventum, *act.*; Cristophorus, i;
Columbus, bi, *m.*

NOTES DES EXERCICES.

§ 326. 1 Oportet servio, ire; *ou* consulo, ere, *n. dat.*; suus, a;
fama, æ, *f.*

nuisent aux hommes [2]. — Nous nous défions des méchants [3]. — J'ai dissuadé mon ami [4]. — Vous aviez contenté votre frère [5]. — Les soldats ont obéi au général [6]. — Les méchants sont esclaves de leurs passions [7]. — Cet homme savant a étudié les discours de Cicéron [8]. — Je ne crois pas le menteur [9]. — Auguste favorisait les gens de lettres [10].

Defuit officio.

Les composés du verbe *sum* gouvernent le datif, excepté *absum*, qui veut l'ablatif avec *à* ou *ab*. Ex. :

Il a manqué à son devoir, *defuit officio.*
Il était présent à ce spectale, *aderat huic spectaculo.*
Il est absent de la ville, *abest ab urbe.*

EXERCICES.

§ 327. Le général a assisté à la bataille [1]. — Annibal commandait les Carthaginois [2]. — La légèreté nuit aux enfants [3]. — Nous étions présents à cet entretien [4]. — Vous avez été absent de la ville [5]. — Les gens de bien ne manquent jamais à leurs devoirs [6]. — Les vieillards survivent quelquefois aux jeunes gens [7]. — La forêt est éloignée de la maison de campagne [8]. — Le consul présidait l'assemblée du Sénat [9]. — La ville est éloignée du fleuve [10].

Magna calamitas tibi imminet.

Les trois verbes *imminere*, *impendere*, *instare*, menacer, presser, etc., gouvernent le datif. Ex. : Un grand malheur vous menace, *magna calamitas tibi imminet, impendet, instat.*

EXERCICES.

§ 328. Des châtiments terribles menacent les méchants [1]. — La honte menace les hommes vicieux [2]. — Nos soldats pressaient l'ennemi [3]. — Une épée était

2 Vitium, ii, *neut.;* noceo, es, *v. neut.;* homo.
3 Diffido, is, *v. n.;* improbus, bi.
4 Dissuadeo, suasi, *v. n.;* amicus.
5 Satisfacio, feci, *v. n.;* tuus frater.
6 Miles, litis; pareo, parui, *v. n.;* dux, cis.
7 Improbus, bi, inservio, is, *v. n.;* suus, a; libido, libidinis, *f.*
8 Vir ille doctus studeo, studui, *v. n.* oratio, nis; Cicero, nis.
9 Non credo, *v. n.;* mendax, cis.
10 Augustus faveo, es, vi, *v. n.;* vir, i, *m.;* litteratus, a, um.

NOTES DES EXERCICES.

§ 327. 1 Dux adsum prælium, ii.
2 Annibal præsum Carthaginiensis, is.
3 Levitas obsum puer, i.
4 Adsum *ou* intersum hic, hæc, hoc; colloquium, ii, *n.*
5 Absum urbs, bis.
6 Vir bonus nunquàm desum suus, a, um; officium, cii, *n.*
7 Senex, senis; supersum nonnunquàm adolescens, tis.
8 Sylva absum villa, æ.
9 Consul præsum consessus, ûs; senatores, um.
10 Urbs absum flumen, minis.

NOTES DES EXERCICES.

§ 328. 1 (Rappelez-vous que *des*, au commencement d'une phrase,
se met au *nominatif.*) Pœna, æ, *fém.;* gravissimus, a; immineo,
es; malus, li.
2 Dedecus impendeo, es; homo vitiosus, a, um.
3 Noster miles, litis; insto, as; hostis, is.

suspendue sur la tête du courtisan Damoclès [4]. — Le danger nous presse [5]. — La mort menace le lâche [6].

Id mihi accidit. Musica me juvat.

Les verbes *accidit, evenit, contingit*, il arrive ; *conducit, expedit*, il est avantagenx ; *placet*, il plaît, etc., veulent le nom de la personne au datif. Il en est de même toutes les fois que les pronoms, *me, te, nous, vous, lui, leur*, peuvent se tourner par *à moi, à toi, à nous, à vous, à lui, à eux, à elles..* Ex. : Cela m'est arrivé, *id mihi accidit ;* cela vous est avantageux, *hoc tibi expedit.*

Mais si les pronoms *me, te, se, lui*, etc., ne peuvent pas se tourner par *à moi, à toi, à lui, à soi*, etc., ils sont régimes directs du verbe et se mettent à l'accusatif ; c'est ce qui a lieu avec *juvat, delectat*, il fait plaisir ; *fugit, fallit, præterit*, il échappe ; *manet*, il est réservé ; *decet*, il convient. Ex. : La musique me fait plaisir, c'est-à-dire me charme (charme moi), *musica me juvat* ou *delectat.* La gloire nous est réservée, c'est-à-dire attend nous, *gloria nos manet.* Cela nous échappe, c'est-à-dire fuit, trompe, passe nous, *hoc nos fugit, fallit, præterit.* Cette chose te convient, *hæc res te decet.*

EXERCICES.

§ 329. La chasse *me* plaît [1]. — Ce malheur *vous* arrivera [2]. — Cela *leur* était avantageux [3]. — Cet exemple *lui* servira [4]. — Cela *nous* a nui [5]. — Ce projet *leur* a déplu [6]. — Ces livres *nous* ont été donnés [7]. — Cela *vous* a été accordé [8]. — Cette charge *lui* a été refusée [9].

§ 330. La gloire *nous* fait plaisir, *nous* plaît [1]. — La honte *lui* est réservée [2]. — Le moyen de parvenir au bonheur *nous* échappe [3]. — La modestie *leur* convient [4]. — L'avenir *nous* échappe [5]. — Une récompense *vous* est réservée (vous attend) [6]. — Une généreuse fierté convient aux vaincus [7].

Ces verbes s'emploient aussi à la troisième personne du pluriel, et veulent également à l'accusatif le substantif qui leur sert de

4 Gladius impendeo, es, *v. neut. dat.*; caput, pitis (*sur* ne se rend pas); aulicus, ci; Damocles, clis.
5 Periculum insto, as, *v. neut.*; nos.
6 Mors immineo, es; ignavus, vi.

NOTES DES EXERCICES.

§ 329. 1 Venatio ego placet.
2 Hic, hæc; calamitas, *fém.*; accido, is, dere; tu.
3 Is, ea, id; expedit *ou* conducit illi, orum.
4 Hic, hæc, hoc; exemplum, *neut.*; prosum, dero, ille.
5 Is, ea, id; noceo, nocui; nos.
6 Hic, hoc; consilium, *neut.*; displiceo, plicui; ille.
7 Hic liber, bri, *masc.*; nos do, dedi, datum.
8 Is, ea, id, concedo, cessi, concessum; tu.
9 Ille, a, ud; munus, neris; *neut.*; is, ejus, denego, avi, atum.

§ 330. 1 Gloria nos juvo, as.
2 Dedecus ille, illius; maneo, es.
3 Ratio pervenio, is; ad felicitas, tatis; nos fugio, is.
4 Modestia ille, illius; decet.
5 Futurum nos prætereo, is.
6 Merces maneo, es; tu, tui.
7 Generosus, a; superbia, æ; decet victus, i.

régime. Ex. : Bien des choses font plaisir au sage, *multa virum sapientem delectant.*

EXERCICES.

§ 331. La gloire et l'honneur ont des charmes pour *les âmes généreuses* [1]. — Des récompenses sont réservées *aux bons citoyens* [2]. — Les actions et les pensées des hommes n'échappent point *à Dieu* [3]. — Ces nouvelles n'ont pas fait plaisir *à votre frère* [4]. — Des palmes immortelles seront réservées *à la vertu* [5].

N. B. Nous terminerons ici ces Exercices élémentaires. Les élèves les retrouveront, avec plus de détails, dans la seconde partie du Cours. Nous pensons qu'ils seront en état, après les avoir traduits sous une autre forme, de comprendre les règles les plus difficiles de la syntaxe, et de parvenir ainsi à bien connaître cette première partie de la grammaire, sans laquelle il leur serait impossible de réussir dans des études plus élevées.

NOTES DES EXERCICES.

§ 331. 1 Gloria et decus delecto, as; animus, i, generosus, i.
2 Præmium, ii, *neut.*; maneo, es; bonus, a, um; civis, *m.*
3 Facta, orum; et cogitatio, nis; homo, inis; non fallo, is; Deus.
4 Hic nuntius, ii; non juvo, juvi, frater, tris; tuus.
5 Palma, æ, *f.*; immortalis maneo, es; virtus, tutis.

FIN DE LA PREMIÈRE PARTIE.

PARIS. — IMPRIMERIE DE PAIN ET THUNOT,
Rue Racine, 28, près de l'Odéon.